中学生からの大学講義 1

何のために「学ぶ」のか

桐光学園＋ちくまプリマー新書編集部・編

★――ちくまプリマー新書
226

「今こそ、学ぶのだ！」宣言

ちくまプリマー新書は、「プリマー（primer（名詞）：入門書）」の名の通り、ベーシックなテーマを、初歩から普遍的に説き起こしていくことを旨とするレーベルです。学生の皆さんは元より、「学びたい」と考えるすべての人を応援しています。

このたび、桐光学園と共同で〈中学生からの大学講義〉という小さなシリーズを編みました。「どうすれば大学に入れるか」のガイドは世間に溢れています。でも「大学で何を学べるのか」について良質なアドバイスはまだまだ少ない。そこで、知の最前線でご活躍の先生方を迎え、大学でなされているクオリティのままに、「学問」を紹介する講義をしていただき、さらに、それらを本に編みました。各々の講義はコンパクトで、わかりやすい上に、大変示唆に富み、知的好奇心をかきたてるものとなっています。

本シリーズの各巻はテーマ別の構成になっています。これらを通して読めば、「学問の今」を知っていただけるでしょうし、同時に正解のない問いに直面した時こそ必要な〝考える力〟を育むヒントにもなると思います。変化の激しい時代を生き抜くために、今こそ学ぶのだ！

ちくまプリマー新書編集部

挿画　南伸坊

目次 ＊ Contents

知ること、考えること

外山滋比古

とやま・しげひこ
一九二三年生まれ。東京文理科大学英文学科卒業。『英語青年』編集を経て、東京教育大学、お茶の水女子大学で教鞭《きょうべん》を執る。お茶の水大学名誉教授。専攻の英文学のほか、エディターシップ、思考、日本語論、教育論などの分野で独創的な仕事を続けている。著書に『思考の整理学』『「読み」の整理学』『知的創造のヒント』『アイディアのレッスン』『異本論』『古典論』『日本語の作法』『忘却の整理学』『幼児教育でいちばん大切なこと』などがある。

一〇〇点満点は人間の目ざすべきことではない

学校の生徒の中には、試験では一〇〇点満点をとれば万々歳、という人がたくさんいる。一〇〇点がとれる人が一番すごくて、七〇点とか六〇点ぐらいではダメだと考える。しかし、それは旧式な考えだ。

日本では一九世紀からつい最近まで、満点のほうが七〇点や六〇点よりいいと、学校も世の中も考えていた。その結果、いつしか社会は活力を失ってしまった。満点至上主義に陥ったことで、本当に優れた、ものを考える力、判断し、理解する力を持った人がどんどん減ってしまった。

今では大学に行く人の数は昔の何十倍、ひょっとすると百倍を超すかもしれない。毎年たくさんの人が大学生になるのはいいけれども、一方で、ただ試験の点数さえ良ければ大学に合格できてしまうという現状になってしまっている。みなさん、大学に受かるのが優秀な人間なんだと勘違いしている人もいるかもしれないが、考えを改める必要がある。

いったい、「満点をとる」とはどういうことだろう？——私に言わせれば、それは「頭が機械的に優秀である」ということだ。

丸暗記をしたり、わけもわからず全部覚えてしまっていると、たいていの場合は満点になりやすい。それに対し、多少なりとも自分の頭を働かせて理解しようとする頭は、なかなか一〇〇点満点をとることができない。よくても九〇点、だいたいは七〇点から八〇点ぐらいのところである。そういう人たちは、有名な大学や難関の高等学校に入れなかったりする。しかし、その人たちが悪いわけじゃない。今までの社会が、考える頭よりも、機械的な知識をありがたがってきたからにすぎない。

もちろん、一〇〇点をとっても構わない。点をとること自体はけっして悪いことではない。しかしながら、一〇〇点をとったからといって得意になったりいばったりなんかするのはトンデモないことだ。逆に、五〇点六〇点だからといって恥じたりする必要もない。本来は五〇点六〇点でも充分いい成績なんだから。一〇〇点満点の答案の作成なんてコンピューターに任せておけばいい。人間よりコンピューターのほうが、記憶力はずっとすぐれている。それに引きかえ、七五点の答案を書くということは、機械にはできない作業である。

個性は失点部分にこそ表れる

私が教師をしていた時、どうもこのクラスにはカンニングをする者がいるらしい、とにらんだことがあった。そこで、満点の答案は外し、点をいくらか引かれているものの中から、まったく同じ箇所で間違っている答案を探し出すことにした。まるっきり同じ間違いをする答案というのは元来、存在しないはず。同じだったらどちらかが他人の解答を丸写ししたのだ。

残念ながら、満点の答案ではそういう証明はできない。満点の答案の中では誰もが同じことを書くからだ。ところが、まったく同じ箇所で二五点引かれるなんていうことは、人間としてはまずあり得ない。その二五点に、その人だけの個性や考えがかくれて存在する。その人なりの生き方や感じ方、その人しか持ちえないいろんなものが入り混じって減点されることになる。だから、まったく同じところで、同じように点を失うことはまずあり得ない。もしあるとしたら、それこそ必ずカンニング。実際、その答案の主を呼び出してとっちめると、スミマセンって言う。

点を失うってこと自体はあんまり良くないことだ。その反面、満点を喜ぶのは幼稚である。もしも、一〇〇点満点をとれないからといって、頭が悪い、と思い込んでいるのなら、いますぐにその考えを改めたほうがいい。満点をめざして努力するのは結構だが、満点であること自体は大したことではない。

これから社会で立派な仕事をしていくには、そういう一九世紀から引きずってきた古くさい考えを捨て去る必要がある。丸覚えした知識を試験の時に書き連ね、その点数がいいと優秀であると喜ぶのは、もはや単純で、遅れた考え方なのである。

知識量と思考力はたいてい反比例する

これからの時代、これまでとは少し違った勉強をする必要がある。

これまで考えられてきた勉強というものは、大体において「知識」、ないし情報を取り込むことであった。小学校からひたすらに知識を頭に入れ、試験の時にはその知識を使って答案を書いて、点をとるのである。この知識というものは、大変有用であると考えられている。したがって知識をたくさん持つことは、その人間の価値を高めると思われるのである。しかし、満点の答案を書こうとしている人たちが持っているような知識がたくさんあっても、それは本当の人間の力ではない。

問題は、それが本当に人間として大事な能力であるのかどうかだ。ただ知識ばかり集めて喜んでいると、だんだん馬鹿になる。もっとも、学校でこんなことを考えたら授業を行うことができなくなってしまう。それで、そういうことは言わないことになっている。

小学校からだんだん知識が増えていき、それと引き換えにどんどん頭がはたらかなくなってしまう。ここで言う「頭が悪い」というのは、「新しいことが考えられない」「判断をする力がない」ということ。

知識が増えると、どうしてもその知識をそのまま使用して物事を処理しようとしがちになる。自分自身で考えることが、ついついおっくうになりがちだ。本に書いてあることをそのまま頭の中に入れ、それによっていれば自分で考える必要はなくなる。

知識をありがたがるのは歴史的なもので、どうにもならないことでもある。ヨーロッパでは一六世紀の終わり頃には、知識というものは社会的価値を持っているという考え方が確立した。以来、教育機関はとにかく知識を身につけることを教えた。それが大体今も続いている。

詰め込んでいけば、頭の中はいずれ知識でいっぱいになるが、それは良いこと、素晴らしいことだとみなされる。だが本当にそうだろうか？　自分の頭の中が、他人が考えた知識、本に書いてある知識で満杯になることが、そんなにいいことだろうか？　トンデモないことでむしろ逆だ。そんな知識だけの頭では身動きが取れなくなってしまう。いわば、知識メタボリック症候群。知識のぜい肉で太ってしまうと、軽やかで柔軟な思考など到底望めなくなる。

知識メタボリック症候群の人は、一〇〇点満点の答案を書けるかもしれないけれど、この先三〇年もすれば、結局はつまらん人間にしかなりえないということがわかってくるだろう。心ある人は自分の責任で、自分の力でものを考えて行動できる人間でなければいけないと気づくことになる。例外はもちろんあるけれど、だいたいにおいて知識が増えると、ものを考える力が減っていく。知識と思考の間では反比例の関係が成り立つのである。

人間とコンピューターの違い

物知りはだいたいにおいてものを考えない傾向がつよい。古くからこれを「物知りの馬鹿」と言った。他にも、「なんでも知っている馬鹿」とか「学問のある馬鹿」などもこれに当たる。つまり、知識はあるけど、自分でものを考える力、新しいことを考え出す力がない人のことである。これは人間としてはあまり高級ではない。そういうことは昔からすでにわかっていた。しかし一方で、常に満点の答案を書けるような、正確な記憶をもっているものは人間以外に存在しなかった。そこで記憶力の優れた人間が、尊重されてきたのである。

ところが、今からおよそ六〇年前に、二〇世紀中ごろ、かのコンピューターというものが登場した。これは人類にとって大事件だった。いくら優秀な人間でも知識を詰め込むには限界がある。それに対して、コンピューターの記憶は正確無比だ。記憶、知識に関して人間はコンピューターに勝てるわけがない。実際、さまざまな場面において人間はコンピューターに負け、仕事を奪われてきた。

近年は大学まで出た人が就職難でウロウロしているけれど、コンピューターに仕事を奪われた結果だと考えられる。大学を出ても知識や事務処理についてコンピューターにかなう能力を持っている人はすくない。合理的に考えれば、知識しかない人間などもはやいらないということになる。なぜなら、コンピューターのほうがずっと能率がいいからだ。優秀なコンピューターを一台備えれば、何十人ぶんの、いわゆる事務的な仕事をこなしてしまう。下手な人間を雇うよりよっぽどいいわけだ。

これまでの人間は、のんびり知識だけ溜《た》め込《こ》んでいれば、試験に合格することができた。試験に合格して学校を出れば、社会の中でエリートとして生きてゆかれた。しかしそんなのんきな時代は、コンピューターの登場で終わってしまったはずである。

人間は非常に保守的な生き物だ。いったん始めたことはなかなか変えない。コンピューターが現れて六〇年。最近になってみんなやっと、人間というものの本当の力がいったい何なのか、少しずつだけど気づき始めた。すくなくとも、ものを記憶して、それを再生するという機能だけでは、充分ではない。記憶と再生に関しては、人間はコンピューターにとてもかなわない。長い目で見れば、そのうちに、多くの場面で人間の代わりにコンピューターが仕事をするという時代がやってくる。その時すべての人間が失職するというのであれば、実に哀れなことだ。元々、コンピューターは人間がこしらえたものなのに、そのコンピューターによって人間が仕事を失い、生きがいまで失う――そんなことにならないためにも、知識万能主義から脱却しなくてはならない。

中学卒業後すぐに社会に出た人と、大学を出てから社会に出た人を比べると、単純な知識量は大学卒のほうがすぐれている。しかし、ものを考える力は、中学卒の人に大学卒の優秀な学生が負けるということがときとして起こる。そういう事実を目の当たりにすると、長い間お金をかけて学校なんか通うのはばかみたいに思えてくるかもしれない。実際、日本に名だたる大企業の中には、当時の小学校を卒業しただけで社会に出た創業者が創り上げたものがいくつもある。

ただ単に名門の学校を卒業しただけという人は、知識や技術は持っているけれど、本当に自分でものを考え、ものをつくり、世のため人のために働くのだという精神には欠けていることが多い。

生まれた直後は誰もが天才である

では、どうしたら立派な人間になれるのか。深刻に考えなくてはならない問題である。これはコンピューターに考えてもらうというわけにはいかない。

実は、すべての人間は天才的な能力を持って生まれてくるのである。ほとんどすべての子どもが例外なく、素晴らしい記憶力、素晴らしい感覚力を持っている。ところが残念なことに、その赤ん坊を育てる周りの大人たちが「人間を育てる」ことをまるで知らない。だいたいは子どもが持って生まれた天才的能力を活かしきれずに枯らせてしまう。親のことを悪く言いたくないけれど、事実だからしかたない。

子どものもって生まれる天賦の才能には、消費期間がある。われわれの一生の間で、一番頭のいい時期、人間としての可能性が最も大きい期間は、生まれてから四〇カ月くらいしかない。あとは徐々に力が落ちていく。小学校に通うころには生まれた時の何分の一かになっている。中学や高校に進むとさらに落ちて、大学に行くころにはずっと低いレベルにまで落ちてしまう。

みなさんは「中学生より高校生のほうが偉い」、「中学生はまだまだ幼稚だ」と思っているかもしれないが、これは間違い！　むしろ中学生のほうがまだ生まれつきの能力が残っている。それが年とともに、上の学校へ行くと、どんどん失われていく。

すべての人が赤ん坊の時は素晴らしい力を持っている。その能力がうまく育っていなかったとしたら、それはまわりの責任。人類は教育というものに関して、いろいろな努力をしてきたけれど、いまだに正しい方法が見つからない。それどころかとんでもない間違いをしているようにさえ見える。

ちなみに、生まれたばかりの赤ん坊の能力がいかに高いかということを示すいい例がある。それは「ことば」。ことばを知って生まれてくる子どもは一人もいない。しかし、一般的な育てられ方をしていれば、四〇カ月の間にいちおうはことばを理解し、使えるようになるのである。

その間、「ことば」というものを教える先生がいたのか？　実のところ、いないに等しい。赤ちゃんにとってどういうことばが一番大切かということを考えながら教えている親は、ほとんどいない。だから親は、幼児のことばの先生としては失格である。そういうあわれな先生に育てられながら、たった四〇カ月ぐらいの間にことばをマスターする。ほとんど例外なく言葉を覚える。

こういう驚異的な能力は英語の発音なんかについてもいえる。例えば、「th」と「s」の音の区別は、普通の日本人にはほとんどできない。「l」と「r」の発音も、中学ぐらいから英語の勉強を始めたのでは耳で聞き分けるのはむずかしい。しかし、赤ん坊のときに英語をきかせていれば、それらの発音はなんでもないことだ。

小さいときのこのものすごい能力。それをわれわれは長らく見誤っていたのである。赤ん坊は何もわからない。知的な活動なんてぜんぜんできない。こう思いこんできた人間は大きな間違いを犯してきたことになる。さらにおどろくべきことに、われわれは頭の中に、自分なりのことばの〝文法〟をこしらえている。それは、たいへん細かく、複雑で微妙な文法である。赤ん坊の頃からきちんとことばを教えてくれない大人の中にあって、無意味なことばをたくさん聞きながら、その中から不要なことばを捨て、大事なものだけ拾って、自分自身の力で文法をつくりあげる。たいていの子がその力を持っている。死ぬまで持ち続けるけれども、それを自覚することはない。

世の中では、大学が一番重要な教育を行っているように思っている人が大多数だが、大きな誤り。たしかに、専門的な知識や特殊技術は大学でなければ身につけることができないだろう。だがそれは、人間として生きていくのに絶対必要なものではない。本当に大切なものは、遅くとも一〇歳くらいまでの間にわれわれの体に宿っていなければいけないのである。

過ぎ去ったことにかかずらっていても憂鬱になるだけだ。憂鬱になる暇があったら、われわれは他の方法を探さなくてはいけない。コンピューターなんかにできない、人間にしかない力を引き出さなくてはならない。

自分たちが生まれた直後に素晴らしい能力、天才を持っていたということ——これをしっかり自覚したい。そして、今からでも遅くはない、できるだけ人間力を復活させるようにつとめる。もちろん、そう簡単に取り戻せるものではないけれども、要は気の持ちようだ。新しい力を習得すると考えるのではない。もっと早くやっていればなんでもなかったことを、少し遅れたから面倒になっただけだと思えばいい。

「忘れる」のが難しい

人間がコンピューターに勝つためにはどうしたらよいか。

その方法は「考える」こと。コンピューターは「記憶する」ことにかけては敵なしだが、「考える」ことを知らない。よく、プロの棋士と碁を打ってコンピューターが勝ったなんていうニュースを耳にする。コンピューターが考えているわけじゃない。知識として大量のデータを記憶しているのである。

本当の意味で「考える」ということは、日本人だけでなく、現代を生きる人間にとっても極めて難しい。なぜなら、われわれは「知識」をもっているからだ。

知識がある程度まで増えると、自分の頭で考えるまでもなくなる。知識を利用して、問題を処理できるようになる。借り物の知識でなんとか問題を解決してしまう。

もちろん知識は必要である。何も知らなければただの無為で終わってしまう。ただ、知識は多ければ多いほどいいと喜ぶのがいけない。良い知識を適量、しっかり頭の中に入れて、それを基にしながら自分の頭でひとが考えないことを考える力を身につける。

ところが、である。ふり廻されないためには、よけいな知識はほどよく忘れなければならない。しかし、この「忘れる」ことが意外に難しい。

学校の生徒で、勉強において「忘れてもいい」と言われたことはあるだろうか？　もちろん、今の学校教育ではそんなことは言わない。ともすれば「忘れてはいけない」と教え込む。すくなくとも、「どうしたらうまく忘れるか」などという学校はないはずだ。

しかし実は、「覚える」のと同じくらいに、「忘れる」ことが大事で、しかも難しい。この「忘れる」ことによって、人間がコンピューターに勝っているのである。コンピューターは「覚える」のが得意な反面、「忘れる」のはたいへん苦手。人間のように、うまく忘れるということができない。

そもそも未知なものに対しては、借り物の知識などでは役に立たないのが当たり前だ。それまでの知識から外れた、わけのわからないモノゴトを処理、解決するには、ありきたりの知識では役に立たない。いったん捨てて、新しい考えをしぼり出す力が必要となる。そういう思考力を身につけられれば、コンピューターがどんなに発達しようと、人間が存在価値を見失うことはないだろう。

上手に忘れるための秘訣《ひけつ》

人間はずっと「忘れる」ということをおそれてきた。とにかく忘れてはいけないと思い込んでいる。急に「忘れよ」などと言われたらひどくとまどう。たいていの人は、覚え方は上手でも忘れ方は下手である。

なにもそれほど難しく考える必要はない。自然に忘れる。一番簡単なのは「夜よく眠る」ことである。

前の晩に、頭に知識を一〇〇入れて寝たとする。朝になって、その知識がそのまま残っていてほしいと願う人があるかもしれないけれど、そんなことがあっては大変。頭が壊れてしまう。正常な頭なら、前夜の知識はガタ減りに少なくなっている。なぜか？睡眠中に忘却をすすめる働きがはたらくからである。この忘却の時間はレム睡眠と呼ばれる。人によって回数に違いがあるが、ひと晩に数回おこる。

起きている間の人間の頭の中へは、いわゆる知識以外にも、雑多な刺激が常に入り込んでくる。そのようにして流れ込んできたもので不要だと思われるものを、レム睡眠の時にはねのけているのだ。

人間の頭は、自分にとって「どうも大事なものらしいぞ」というものは自動的に忘れないようにできている。当面は頭の中にないほうがいいと思ったモノを、レム睡眠は整理する。朝、目を覚ました時、たいていの人がなんとなく清々しい気分になっている。レム睡眠のおかげで頭の中の掃除が行われた後だから、頭の中のゴミ出しが済んだ後だからである。

この自然忘却作用は本当に大事にしなければならない。夜よく眠れない人は、大至急、眠れるようにしないと頭が悪くなってしまう。昼、詰め込むよりも、夜、不要なものをすてる方が大事である。心身の健康のためにも忘却作用を大切にしたい。

けれど、勉強しすぎて知識をたくさんとり入れると、一日一回の睡眠だけでは足りない。ゴミがいっぱい溜まる。レム睡眠でゴミ出しをしてもなお、有害なゴミが頭の中に残る恐れがある。そんな場合、どうしても目が覚めている間に、よけいなことを忘れる努力をしなくてはならなくなる。有害なものは、なんとしても忘れないといけない。

そうかと言って、一日じゅう寝ているわけにはいかない。では、起きている間はどうしたらいいか、これはなかなか工夫が必要である。

その点、学校はうまいことをしてきた。それは、異なる授業を立て続けにやるということ。英語の次に国語、その次は社会、音楽。一見、支離滅裂のようだけれど、実はこれは非常に理にかなっていたのだ。なぜなら、前の授業で詰め込まれた知識を、まったく異なる次の授業によって、レム睡眠と同じほどではないが、忘れることができるからだ。

ところが三〇年ほど前、こういう時間割に批判的な教師があらわれた。違った教科をつづけて教えては記憶効率が下がると考え、同じ内容を一括して教えれば学習能率が上がるとした。そして、「午前中はすべて英語」「午後はすべて理科」というように、休みもなくぶっ続けに授業を行うことにした。

結果はどうなったか？　思いもかけず学力が急落してしまったのである。それは忘れることの必要を忘れた、からだ。異なる授業をやることだけでなく、授業と授業の間の休み時間もたいへん大事だったのだ。

休みに教室に残ってノートなんか整理したりする生徒がいると「感心だね～」などと言う人がいるが、トンデモない。休み時間はとにかく外に飛び出して、思いきり体を動かして汗をかくくらいにする。そうすれば、教室に戻ってきた時には、「さっきの時間は何だったっけ?」となる。それこそが理想的な頭の状態。その後の授業の間は集中できる。

いろんなことをして忙しくしなければダメ。同じことをだらだらと続けていても、頭はよく働かない。頭がさぼってしまって学習効果もあがらない。とにかく忙しくすること! 適当に忘れて頭をスッキリさせる。覚えて、忘れる、この切り替えがたいへんに重要なのである。

文武両道は当たり前

勉強したら必ず体育をやらないとダメ。じっと机の前に座っていても、頭の中は切り替わらない。忘却作用も進まない。必ずグラウンドへ出てひと汗かく。ただこのひと汗の後が大事である。

残念ながら、全国大会でも名を連ねるような強豪校の運動部で行われているスポーツのやり方は、いささか間違っているように思われる。猛練習をするのは結構だが、練習の済んだ後がいけない。汗を流した後をどうするかを知らない。

これを私はバッタスポーツと呼んでいる。バッタには脳がない。その代わり自分の身長の何倍も跳ぶことができる。人間に当てはめると、何百メートルは跳ばないとバッタにはかなわないことになる。それでもわれわれ人間がバッタにひけをとらないのは、バッタにはできない、ウォーミングアップ、クーリングダウンをし、忘却、記憶、思考ということができるからである。ただ一センチでも高く跳べばよいと、記録を伸ばすことだけを目指すのであれば、バッタのジャンプにかなわない。人間はもっと価値のあるスポーツを行うことができる。

放課後遅くまで運動するのも結構だが、今のスポーツの指導者たちは、その後の配慮が足りていない。スポーツで汗を流した後の頭というのは、眠りから覚めた時よりさらにいい状態にある。これをむざむざ潰してしまってはもったいない。運動をしたら汗をぬぐって着替えをして、なるべく早く勉強にとりかかる。長くする必要はない。三〇分もすれば充分。運動するとお腹が空くため、たいていの人はそこでものを食べてしまう。運動をやっているとどうも学校の成績がうまく上がらない、と言う人がいるが、それは直後にものを口にするからである。

運動は勉強よりはるかに集中力を要する。つまり、運動をすると集中力が高まるのである。集中して勉強すれば、普段の何倍ものことができる。その勉強が済んだら存分に食べていい、寝てもいい。

机にへばりついている状態を、昔の人は「かまぼこ」と呼んだ。板にくっついているというので、実にうまいことを言ったものだ。机に向かって勉強するのが一番いい、スポーツは勉強と両立しないと思っている人が多いが、時代遅れだと言ってよい。

勉強は体を動かすことと組み合わせないといけない。本や参考書を相手の勉強だけでは不充分。体をうごかして集中力を高める必要がある。これをスポーツは養ってくれる。

世間では、スポーツも学業の成績もいいのを「文武両道だ」なんて言ってもてはやす。しかし、文武両道は当たり前。文武両道でなければダメなのである。片方だけでは人間としての価値が小さい。運動と勉強を両立させてこそ人間力を高められるのである。

そういうことを頭において、いかにして運動と勉強を自分の生活の中で調和させるか。これは若い人たちにとって、最大の課題だと思ってよい。それをしっかりやり遂げることができたら、おそらく過去の時代に生きた偉大な先人たちにも負けないくらいの人間になれるだろう。

世界の経済破たんは人間性を失ったツケ

今から二〇〇〇年前、ギリシャに素晴らしい人たちが現れた。彼らは哲学を論じながら、同時に体を鍛えること、すなわちスポーツをすることを忘れなかった。「健全な精神は健全なる身体に宿る」という考えを後世の人にのこした。このためにヨーロッパでは、ギリシャを理想として、それに近づこうと努力してきた。

ところが、ご本尊のギリシャの人たちは、今やその精神を忘れ、お金を儲《もう》けること、知識を増やすことばかりに心を奪われている。たしかに二〇〇〇年前よりも知識は増えたかもしれない。政治的権力は増えたかもしれない。だが、残念ながら、人間としては二〇〇〇年前のギリシャ人に遠く及ばない。そのツケが経済の破綻という事態を招いている。今ギリシャは世界じゅうから陰ながら軽蔑される国になってしまって、祖先の名を辱めるのは残念なことだ。ギリシャ人は再び立ち上がり、立派な精神と生活を融合させた国にしていってほしいものである。

日本も同じで、偉そうなことは言えない。現に経済は、元気がない。活力に欠けている。それはいまの若者の責任ではないが、三〇年後、五〇年後、この国が世界から尊敬される、優れた文化を持つ、優れた人間のいる社会になっていなければ、それは若い世代の責任である。

ここ五〇年の間、今の社会に生きてきた人たちの努力は残念ながら充分ではなかった。お金は儲けた。しかし、経済大国だなぞと言われていい気になっているうちに、「人間は何のために生きるのか」という大切なことを忘れてしまった。ヨーロッパから、日本人はエコノミック・アニマルだなどと言われた。恥ずかしいことだ。

学歴があれば、就職できる。就職をすれば、ある程度の月給をもらえる。そうやって、ちょうどエスカレーターに乗っているようなつもりで人生をおくる人たちが多くなった。国全体が地盤沈下を起こしている。

この先三〇年たった時に、どうかよその国から軽蔑されるような国にならないよう、若い人たちは人間として正しく美しく生きていってほしい。

ものを考えるために必要なこと

本題に戻る。

人のつくった知識をありがたがって丸覚えするというのは、子どもの時はしかたないことだが、いつまでも自分自身の力で考えられなければ、人間としてこの世に生まれてきた意味は小さい。

では、人間が自分の頭で考えるようになるためには何が必要か。

まず体を動かすということ。そしてもうひとつは、不幸とか、貧困とか、失敗とか、そういう辛い境遇から逃げないことだ。

困難な状況の中にいないと、頭は必死になって考えることをしない。美味しいものを食べ、快適な生活をして、いい学校に通って、いい成績を上げているうちは、ものを考えるチャンスが少ない。例えば、家が貧しくて、どうもこのままでは大学に行けないかもしれないという状況に直面したとする。そこで本当に力がある人は、どうすればいいかということを本気で考える。金持ちのお坊ちゃんがヘラヘラしている間に、ものすごい苦労をして人間力もつける。

苦労や失敗が少ないというのは幸せなことではある。しかし、幸せは、人間を育てるのにプラスにはたらくことはすくない。不幸や災難がやってきた時にこそ、人間は自分の中の眠っている力が日を覚まし、大きなことをするようになる。

東日本大震災の時に大きな犠牲が出たことは甚だいたましいことであった。しかし、幸いにして生き残った人、ことに若い人たちには、最大の試練を受けることによって、素晴らしいチャンスを与えられたことになる。恵まれた境遇にいる人たちと比べ、東北の被災地にいる若い人たちは、たいへんな苦しい思いをしながら勉強をしている。環境が充分でない。しかし、それをのり越えれば素晴らしい人間に育っていくだろう。すくなくとも、素晴らしい人間になれる道がたくさんある。それによって、もしそういう災害がなければ成し遂げることのできなかったような大きな仕事、世界のためになるような仕事をするチャンスが出てくる。

一般の若い人たちはそうした悪い境遇におかれていないが、それをよろこぶのは賢明ではない。苦しい目に遭ってこそ、それまで眠っている、赤ん坊のときに持っていたような活力、能力が蘇《よみがえ》ってくる。

戦国の武将、山中鹿之助《しかのすけ》は育ちが良く恵まれた境遇にいたが、人間として大成するには不幸でなければダメだということに気づいて、「我われに七難八苦を与えたまえ」と神に祈った。大きなことを成し遂げるような人間になるため、わざわざ、苦難を与えてくださいと神に祈ったのだ。

苦しいこと、つらいことが人間を育てるということが今は忘れられている。

トーマス・カーライルというイギリスの思想家がこんな面白いことを言っている。「経験は最良の教師である。ただし授業料が高い！」——ここで言う経験とは当然、辛い経験、痛い経験、苦しい経験のこと。苦しい経験こそが、われわれをたくましく育ててくれる最良の先生なのである。

若い人の人生はこれから始まる。この先、どこで待ち受けているかわからない荒々しい困難に負けないで、むしろ困難をチャンスととらえることで、新しい人間力を身につけ、素晴らしい人生を切り開いていってほしい。そう考えることのできる人を、未来は待っている。

◎若い人たちへの読書案内

『寺田寅彦随筆集』《てらだとらひこ》（岩波文庫）

片田舎に育ったから、中学の高学年になるまで本らしい本を読んだことがなかった。中学（旧制）四年生のとき、国語の教科書で吉村冬彦という名で寺田寅彦の「科学者とあたま」という文章を勉強した。つよい印象を受けた。それまでに読んだ文章とはまるで違っていると思った。同じ著者のほかのものも読んでみたかったが、どこにもなかった。それでいっそう強く惹《ひ》かれた。ほかのエッセイを読むことができたのは、東京の学生になってからである。寅彦の文章を知るまで、文章というのは文字が並んでいるだけのように思っていたのが、大きく変化、知的な世界をつくり上げることができるということをぼんやりながら感じた。ものの考え方がおもしろいということも教わった。寺田寅彦は私にとって最大の古典で、生涯その影響を受けてきた。若いうちに読めば得るところは大きい。

夏目漱石《なつめそうせき》**『坊っちゃん』**

どういうわけか私は小説があまり好きでない。せっせと読んだ時期もあったが、心にしみるという作品がない。作り話にどれだけの価値があるか、といった不遜なことを考えたりした。

そんなとき、たまたま読んだ漱石の『坊っちゃん』に心をうばわれた。こんなおもしろいのが小説なら小説も悪くない。明るいのがいい。ざっくばらんな文章が魅力である。恵まれているとは言えなかった漱石の生い立ちをこういう明朗な世界にするのは、やはり文学の力だろうと考えた。実は、私自身、あまり幸福でない幼少の時代をすごしていたのにひびき合うものがあったのかもしれない。後年になってから気付いたことだが、生きる力がおとろえているときに『坊っちゃん』を読むと、おのずから心が明るくなり、元気が出る。

内田百閒《うちだひやっけん》随筆

明治以後の日本で、もっとも格調の高い、美しい、そしてユーモアもある文章を書いたのは内田百閒である。文章にかけて、百閒の右に出るものはない。ドイツ文学を専攻し、ドイツ語の先生をしていたのに、百閒の文章には外国語のにおいがまったくないのにおどろく。

おもしろく書こうという意図を抑えて、ものごとを独自の角度から見るところにユーモアが生ずるのであるが、日本人でユーモアを解する人は少ない。ユーモアのある文章を書くのは、日本語として至難のことである。百閒はそれをやってのけたのである。俳諧の素養ということもあるが、ドイツ文学にひそむユーモアを酌み上げたのかもしれない。そういうことがわかるには何度も読まないといけない。

百閒が寅彦とともに漱石門下であったことは、私にとっては偶然ではない。

独学する心

前田英樹

まえだ・ひでき
一九五一年大阪生まれ。中央大学大学院文学研究科修了。現在、立教大学現代心理学部教授。批評的散文の執筆を仕事とし、主な著書に『独学の精神』（ちくま新書）『日本人の信仰心』（筑摩選書）『言語の闇をぬけて』『深さ、記号』（以上、書肆《しょし》山田）『言葉と在るものの声』『セザンヌ　画家のメチエ』（以上、青土社）『絵画の二十世紀』（NHKブックス）『倫理という力』（講談社現代新書）『民俗と民藝《みんげい》』（講談社選書メチエ）『小林秀雄』『信徒　内村鑑三』（以上、河出書房新社）『在るものの魅惑』（現代思潮社）などがある。

圧倒される本に出会う

今日は、君たちがこれからの長い人生を生きていくうえで、ぜひ身につけてもらいたい「独学する心」というものについて、話をしていきたいと思う。

独学とは、誰かについて何かを教えてもらうのではなく、自分の力で学問をし、何かを得ること、生み出すことである。

では、独学するその心とは、どのようなものなのか。それを持つことで、どういった生き方が開けてくるのだろうか。私の話が、少しでも皆さんの役に立てばと思う。

私は子どもの頃、人の話をじっと聞いていることができなくて、学校が苦手だった。そんな中で唯一、自発的に興味をもってやったのがチャンバラごっこである。映画も時代劇が好きだった私は、吉川英治が書いた『宮本武蔵《むさし》』という小説を夢中になって読んでいた。

中学生、高校生となるにしたがって、今まで知らなかったさまざまな本に出会い、「吉川英治や時代劇だけがおもしろいんじゃないのだな」と思うようになった。学校の図書館にあったパスカルとかニーチェといった、思想家の本なんかも少しずつ読むようになったが、中学生の私は、その内容に圧倒されてしまった。漠然とした感覚ではあったけれども、ほんとうに凄い本が世の中にはあるのだなと感じた。世界にはこうした本がどれほどあるのだろうかと考えたら、なんだか気が遠くなるような気がした。自分なんかがこの世の中でちゃんとやっていけるだろうかとすっかりおじけづいてしまったものだ。君たちにも、世間に対する漠然とした恐れはあるだろう。大人になるとそれは自然になくなる。厚かましくなるんだな（笑）。

ところで、皆さんは二宮金次郎という人を知っているだろうか。江戸時代終わり頃の人なのだが、名前は知っていても本を読んだことはないだろう。この人は、終生一人の農民だったけれど、農によって人が生きる、ということにかけてはだれも及ばない知恵と実行力を持っていた。それで、為政者が彼にいろいろと頼みごとをする。それをあまりみごとに解決するものだから、やがて全国に名を知られるようになった。

昔の小学校には、柴《しば》を背負って本を読んでいる少年金次郎の像が必ずあったもので、私の小学校にもセメント製のその像があった。時代劇が大好きだったから、私はチョン

二宮金次郎像（神奈川県小田原市・報徳二宮神社）©時事通信フォト

マゲ姿の金次郎がおもしろくてね、いいなあと思いながら、その周りでよく遊んだものだ。

「この子が手にして読んでいるのは、何の本なのだろう？」という疑問はその頃からあった。大人になってわかったけれど、それは古い中国で編まれた『大学』という儒学の経典だそうだ。「中国古代の儒学の本」と聞くと、堅苦しくて読みたくなくなってしまうかもしれないが、実際に読んでみると、これがもうとってもおもしろいのである。

金次郎は子どものときにその『大学』を、自分でこっそり手に入れて読んでいた。彼は学校に行かせてもらえず、柴を背負って歩きながら勉強していたのだ。第二次大戦前の日本の文部省は、金次郎のこういう姿を示すことで、学校に行って勉強できるのはありがたいこと、感謝して励みなさいと、こういいたかったのだろう。しかし、私は一向にそうは受け取らず、「いいなあこいつ、学校に行ってないのか。山で柴を刈る、一人で好きな本を読む、なんていい生活だろう」と思っていた（笑）。

しかし、金次郎はとても苦労した人で、まだ幼い頃に両親を亡くし、残された子どもたちは離散してしまった。彼は伯父の家に預けられたのだが、その伯父がずいぶんひどい、酷薄な人で、金次郎に対する愛情は少しもなかった。この甥《おい》を、ただで働かせることのできる使用人、としてしか見ていなかった。

そうした環境にあっても、金次郎はまっすぐな気持ちを失わなかった。それだけじゃなく、「ただ訳もわからず働かされるだけの、学問のない人間にはなりたくない」と思っていた。自分の『大学』を手に入れた彼は、それを繰り返し、繰り返し読んだ。その悦《よろこ》びといったらなかった。けれども、伯父は彼にこう言った。「お前が本を読むために使う灯油はない。読書なんて役にも立たないことはやめろ」と。

金次郎は、そうかなるほどと思った。伯父に対して反抗するというような気はさらさらない。伯父は彼から軽蔑さえされていなかったのである。「ではどうすれば勉強を続けられるか」、金次郎はそれを考えた。彼は、川岸などちょっとした空き地を利用し、油のもとになるアブラナを植えて、仕事の合間に育てはじめた。一年後には大きな袋いっぱいの菜種が収穫できた。それを町の油屋に持って行き、灯油と交換した。

これでまた、勉強ができる。金次郎は大いに喜んだが、伯父は喜ばなかった。「本なんか読む時間があるなら、夜は別の仕事をして働け」と怒鳴りつけた。このときも金次郎は、なるほどと思った。伯父を恨《うら》んだり、自分の不幸をうじうじ悩んだりはしない。ではどうするか、である。この子どもには、すでに偉人の性質が充分に育っていたのだろう。

やがて金次郎は、人が見向きもしない泥沼や山の斜面といった場所に目をつけ、そこに毎晩通っては少しずつ米を栽培しはじめた。一年後には二俵の米が収穫できた。町に持って行って金に換える。これは、決定的な前進だった。これを続けて一人で暮らす資金が調った。自分の力で米をつくり、その米を食べ、一部を金に換える。それで独立できれば、いくらでも好きな学問ができる。

その後、金次郎は米俵を背負ってついに伯父の家を出た。亡くなった両親が住んでいた故郷の廃屋に一人帰った。そこでまただれも耕さなかった山の斜面とか川岸、道端の土地なんかをみごとな農地に変えていった。

金次郎が生きた幕末という時代は、全国的に農村がとても荒れていたと言われている。一部の農民は長い太平の世で暮らすうちにぜいたくに慣れて、まじめに働く意欲をなくしていたのかもしれない。金次郎が暮らしはじめたこの村も、ばくちを打ったり、酒を飲んでばかりいるような怠惰な農民が多くいた。そのような状況でも、金次郎は一人黙々と働き、人が足を踏み入れないような僻地《へきち》で農地をつくり続け、みるみる豊かな農民になっていった。

やがて、そうした金次郎の噂《うわさ》を耳にした領地の殿様から、農地の再生に力を貸してほしいという依頼がくる。下野《しもつけ》（今の栃木県）に荒れ果てて盗賊の巣のようになってしまった三つの村があり、どうにかしてそれらの村を立て直してほしいというのである。金次郎は何度も断るが、ついに断り切れなくなり、引き受ける決心をした。

一度物事を引き受けると、この人の行動は早い。苦労して築いた家も農地も処分して、金次郎は早速新しい土地に赴いた。荒くれ者の大勢いる村の真ん中に家を建て、以前と同じように農地を耕しはじめたのだ。殿様から派遣された指導者だけれども、とにかく圧倒的に農作業をする。粗末な木綿の着物に、徹底した粗食。睡眠時間は二時間ほど。これじゃ周りの農民たちはたまらない。自分らも働くしかない。そうやって働き出すと、働く喜びが新たに蘇《よみがえ》ってくる。

金次郎のやり方に説教は不要だった。共鳴を起こす行動がありさえすればいい。その共鳴は、農民たちが思うよりはるかに深いところから来ている。一種の精神的な伝染が起こる。やがて村は見違えるように豊かになっていった。彼は後の世から農政家と呼ばれたが、そんな人物じゃない、もっとずっと偉い人だ。

限界があるからできること

金次郎のことを君たちはどう思うだろう。彼もまた私たちとまったく同じ命を持った〈人間〉である。では、どうして私たちは金次郎のようにはふるまえないのだろう。このことをよく考えてみたほうがいい。まず、君たちは金次郎のように自分で選んだ一冊の本を一人で繰り返し、読むことができるか。何に代えてもそれを読み続けようとする志を持つことができるか。金次郎にはできた。なぜだろう。彼の心は、子どもの頃からすでにじゅうぶんに独立していたからである。独学する心が火のように燃えていた。

しかし、独学とは何だろう。学校に行かず、家庭教師にもつかず、家にこもって資格試験の勉強をすることじゃない。それはこういう意味だ。君たちには自分の体があるだろう。その体をなしにして何か行動する、ということは絶対にできない。心もそうだ。君たちの心は体のようにひとつきりで、明らかな限界を持っている。その限界をないことにして、何かを考えるということは、ほんとうはできない。すれば、インチキなことになる。人の一〇倍働くと言う人はインチキである。一日一〇冊の本を読む、という人もインチキである。そんなことは、身ひとつ、心ひとつの人間にできることではない。身と心に限界があることは、大切なこと、なければならないことではないか。独学することは、この限界のうちにしっかりと自分を据えて生きる覚悟をする、ということである。そこから学ばれることは、必ず独学になる。ならざるを得ないと思う。

金次郎は、『大学』のほかにも『論語』、『孟子《もうし》』、『中庸《ちゅうよう》』その他、儒学の経典を中心に実によく読んでいる。身ひとつの農民として読んだ。その読み方はほんとうに深い。専門の学者を寄せつけないところがある。それは、自分の信ずるいくつかの本（それはそんなに多くはなかっただろう）を繰り返し読むことが、何よりもまず悦びだったからだ。

もし、君たちの中で、この話を聞いて、じゃ早速今日から自分もそれをやってみようという人はいるだろうか。いたら早速やってみたらいい。すぐに、だれにでも始められることだから。繰り返し読むのは、できるだけ古い本がよいだろう。広い意味の古典だ。今生きている人が書いた本なんかはやめたほうがいい。生きている人間は、これから何をしでかすかわからないからね（笑）。だいたい会えばがっかりするし。その点、死んでくれている人は、実に都合がいい。思い切り尊敬しても大丈夫だから。また、そういう尊敬心から思い描かれる過去は、自分にとってもほんとうに楽しいものになる。

愛読書と尊敬する人を持つ

内村鑑三という人が、明治時代に書いた『代表的日本人』という本がある。これもぜひ君たちに繰り返し読んでほしい本なのだが、この人はだいぶ前に亡くなっているから、その点でも安心できる（笑）。

この本は西郷隆盛、上杉鷹山《ようざん》、二宮尊徳（金次郎）、中江藤樹《とうじゅ》、日蓮の五人を小伝のかたちで紹介している。躍動感いっぱいの文章で、それぞれをすばらしく明確な人物として、ほんとうの意味の偉人として書き分けている。それは、やっぱり内村という人が、心の中に〈偉人を持つ〉ことのできる人だったからだ。もちろん、この〈偉人〉は社会の中の地位とは何の関係もない。

生涯愛読して悔いのない本を持ち、生涯尊敬して悔いのない古人を心に持つ。これほど強いことはないのではないかと、私などは思っている。こういうものは、独学によってでなければ得られない。これを持つことのできない人は、どんなにたくさんのことを知っていたってつまらない。独学の覚悟がない人は、つまらない。

皆さんがこれから社会に出て、どのような仕事に就くのかはわからないが、そこで必要なこともやっぱり独学する心ではないか。そういう心を持った人は、どこにいても、何をしても強い。愚痴を言ったり、恨んだり、不運を嘆いたりはしない。金次郎が子どものときにしたことを見れば、それはわかる。

わが身で発見したものは忘れない

独学する心は、学問や読書にだけあるのではもちろんない。およそ人が生きるために学ぶ行為の中では、いつも必要とされているものではないだろうか。例えば、私が去年知り合った大工さんは独学の権化のような人だ。自分の家を改築したときに、この人に来てもらった。歳は当時六五歳だった。名前は高橋茂さん、大工としての腕もとびきりだが、生きる姿もすばらしい。

高橋さんが子どもだった頃は集団就職の全盛期。この人は中学卒業後に埼玉へ出て、大工の親方に弟子入りをした。そこで一番つらかったのは、「自分が何をすればいいか、だれも言ってくれなかったこと」だったそうだ。作業現場に行っても、指示がこない。親方の仕事を後ろから見ていると「仕事の邪魔だ」とか「ぼーっとしているな」などと怒鳴られる。棒で殴られたこともあったそうだ。働きに出て、何をしたらいいかわからないほどつらいことはない。中学を出て親元から離れたばかりの子どもだから、さぞつらかっただろう。

でも、現場にしばらく通っていくうちに、自分が何をすればいいのかが段々とわかってきた。そうすると、親方と自分の差というものが、おのずと見えてくる。親方の鉋《かんな》から出る削り屑《くず》を見て、びっくりする。「どうやったらこんな具合に削れるんだろうか」と考える。夜、皆の仕事が終わり、後片付けもすませてから、一人で鉋を手に取って不用な木材を削ってみる。見よう見まねだ。そうするうちに仕事がだんだんとおもしろくなってきたという。奉公に入ってから一年くらいでそうなった。大した進歩、大した教育じゃないか。

大工の奉公働きには、給料なんかない。もらえるのは、何百円かのこづかいだけ。まだ見習いだから、とにかく仕事以外にすることがない。気がついたら、えらく腕を上げていた。働きはじめて五年目に、親方がいきなり「お前はもう一人前だから給料を出す」と言った。一人前の職人に払う給料をいきなりくれたそうだ。年功序列なんかじゃない。これもまた、ため息の出るほどすばらしいシステムである。

ここで君たちに考えてもらいたいのは、なぜ、親方は高橋さんに何も教えなかったのか？　ということである。もちろん、意地悪をしているのでも、技術を隠しているわけでもない。口で教えることで死んでしまう技が大工の技だからだ。言葉で教えられたものは、すぐに忘れてしまう。それはただの知識だから。自分の体を使って発見したものは忘れない。そういうものは知識じゃなく、身についた自分の技になっている。

失われてゆく大切な技

人間の体は、手も足も一人ひとり違う。大工が木を削るにしても、そのときの感覚、高橋さんの言葉では「勘」は、人によって異なる。木と体と鉋、この三つの間にできる関係は、一〇〇人いたら一〇〇とおりある。これを口先で教える方法は絶対にない。これは職人ならだれでも知っていることだろう。だから各々が独自に身につける必要がある。自分なりにあれこれと取り組んでみて、わかる以外にはない。それから大工というものは、自分の扱う木がどう育ってきて、これからどういうふうに変化するか、どう反って、どう縮むか、木を持っただけでじかに感じられるようになる。でないと、生きたいくつもの木をどう組み合わせたらいいかはわからない。

ところが、電気鉋しか使わない現代の大工さんは、もうそうした感覚を失っている。

感覚なしでも、機械が全部やってくれるから。それから無垢《むく》の木を扱うことがほとんどなくなった。工業製品の合板は、死んでいて、変化しない。部品として組み立てるだけでいい。これじゃ、木を読むなんて技が育つわけがない。鉋をかける技もなく、木を読むことのできない大工は、高橋さんのような職人からするともう大工とは言えない。建設会社の社員である。

もちろん、これは大工の世界に限らない。近代以降、人間が自然を相手に身につけてきた大切な技はどんどん失われてきた。私たちは、機械の便利さに慣れきって、身ひとつの「勘」でしか磨かれない技を持てなくなってきている。独学する心は、ここでも失われてしまった。

文明社会がもたらしたもの

話は変わるけれども、昔の儒学では「天を敬する」ということが一番重んじられた。「天」は神さまのことだと言ってもいい。最も深い意味での「自然」のことだと言ってもいい。身ひとつで独学する心は、おのずと「天」に通じている。「天」が助けてくれなければ、独学は実を結ばない。

人は自然に逆らっては何もできない。大工の高橋さんにしても、すべては生きた木との相談ずくでしか仕事はできない。木の命に入りこみ、木に協力してもらうのだ。これは学問でも同じである。対象への愛情がないところに学問というものは育たないと私は思う。対象を愛する気持ちは、結局は「天を敬する」気持ちから来る。神さまに従うように自然のありように慎重に従う。

このことを、二宮尊徳は「水車」の喩《たと》え話でとてもうまく語っている。水車は水の流れに沿って回っている。それが回るのは、半分は水が落ちる力によるが、あとの半分は水を押し上げて上って来る水車の働きによる。人が自然の助力を得るのは、こんなふうにしてである。

西洋の近代とは、自然を科学の力でねじ伏せようとしてきた時代ではないか。むろん、そんなことはできないのだが、できる気になってしまっている。

科学は、あらゆるものを数の関係に置き換えて、〈物に有用に働きかける〉ことを目的にしている。つまり、自分の都合に合わせて、自然を利用するわけだ。だから、物にも自然にも、おのずと愛情や敬意を持たなくなる。口では持っているようなことも言うが、物とつき合う体も技も欠いているのだから、愛情は育ちようがない。

建築もそうで、工業生産品を組み立ててつくる建物は、全部数学的な関係をあてはめて考えられたものだ。それを考える人を建築士というのだが、建築士は図面を引くだけで、木にも石にもじかに触れるということがない。触れたって、そこから何かを摑《つか》む技を持っていない。何でも数のうえの計算で済ませる。この計算がどんなに高いビルをどれほど建てたかはだれでも知っている。でも、そういうやり方に、人間が自然の中で、言い換えると天のもとで生きる知恵というものがあるだろうか。これがないと人類は大変なことになってしまう。

これは、高橋さんに聞いた話だが、大工と建築士の間では、柱一本立てるのにもたびたび意見が食い違う。知識と計算で物事を考える人と、身ひとつの勘と技で仕事をする人とではそうなるだろう。それから、高橋さんはこんなことも言う。「仕事にはできることとできねえこととがある。素人はそこんところがわからねえから困るんだ」と。できないことがあるのは、自然が与える物の性質に従っているからである。もし、できないことがなくなったら、仕事は成り立たなくなる。水のないプールでは泳げないようなものだ。建築士はそうは考えない。できないことは、そのうち科学技術の進歩で可能になる、できないことを放っておくのは恥だと思っている。私たち素人もだいたいそういう考えでいる。これじゃ、人間に大事なことが、何もわからなくなるのではないか。

学問でもほんとうは同じである。考えられないことがあるということは、学問が可能になるための大切な条件である。我が身を離れた空想はいくらでもできる。が、それは空想でしかない。学問はしっかりとした対象を持たなくてはならない。その対象の性質にうまく、深く入り込まなくてはならない。身ひとつ、心ひとつで入り込む。その中でできることがどんなにわずかなことか、ほんとうの学問で苦労した人は、皆知っている。社会に出て担う仕事も、多くはそうなのではないだろうか。ただ、科学技術の発達に目を奪われて、たくさんの人がこのごくあたりまえのことを忘れているように思う。

大事なことふたつ

私は大学で教員をやっているが、まず新入生に言うことは、教員の知識に振り回されるなということである。教員は専門的な知識をたくさん持っている。それぱっかりやっているのだから、当然である。そしてそういうものは、すぐに古くなる。君たちが教員から学ぶべきなのは専門知識ではなく、彼らがものを考えるときの身ぶりや型なのだ。そこにその人のほんとうの力が現われている。もし、君たちが「ちょっといいな」と思う先生に出会うとする。そこで君たちが惹《ひ》かれているのは、そういう身ぶりや型だ。それは先生自身がはっきり取り出して教えられるもんじゃない。学ぶ側の人が、見抜いて型を盗む。それしかできない。やっぱり独学になる。

大工の高橋さんも、親方からそういう型を盗んだ。盗ませる以外に教える方法がないことを、親方もよく知っていた。だから、十代の高橋さんは成長できた。勉強でもそれは同じで、目標とする人が学問に身ひとつで取り組み考えるときの型を見て、それを自分でもやってみるといい。いやでも、それは自分だけのものになる。体と同じで、人の心の性質はみな違うから。またそんなふうに身につけた型は、古くならない。使うたびに、深くなり、いきいきとし、自分を新しくしていく。

もう一つ、私が新入生に勧めることは、大学生の間に、自分が生涯愛読して悔いのない古典に出会えということだ。それは一冊でもいい。私は大学生のある日、フランスのアンリ・ベルクソンという哲学者が書いた「心と体」という短いエッセイに出くわした。それはほんとうにばったりと出くわしたのである。JR中野駅から東京駅に行く電車の中で、偶然それを読みはじめた。数ページ読んだところから世界が消えてしまった。時間にして二〇分ほど。とても読みとおせる量じゃない。でも読んでしまった。ページをめくった記憶などない。それから今日まで、ベルクソンの全集は読んで、読んで、読み終わることのない本になっている。この人の本を読むことは、私の最大の幸福であり、生きがいである。君たちも、そういう本に出会ったらいい。古典の愛読は、君たちめいめいの気質をかけてなされる一生の事業だと言ってもいいくらいだ。

最後にこういう話をしよう。孔子の教えを記録した『論語』には、こんな話がある。あるとき、弟子が孔子に「君子の持つべき心境とは、どのようなものでしょうか」と尋ねた。君子というのは、智慧《ちえ》のある正々堂々とした人のことだ。これに対して孔子は言った。「君子は憂えず懼《おそ》れず」であると。弟子には意外な答えだった。そんな人、ばかじゃないかと思ったのだろう。一体どうしてですかと、もう一度訊《き》くと、孔子は「身に省みて恥じることなくば、何をか憂えん、何をか懼れん」と言った。

いい言葉じゃないか。人間はこれでいいのだ。恥じるのは、身ひとつの自分の力を偽っているからだろう。わかりもしないことを、わかったように見せかけたりして。するといろんなことが心配で、怖くてたまらなくなる。そこでまた嘘《うそ》をつく。「身を省みる」とは、身ひとつの自分にいつも誠実に素直に帰ってみるということだろう。だから、君子の学問は、いつも独学なのである。

ずいぶんと取りとめのない話をしたが、どうだろう、何か君たちの参考になることがあっただろうか。もし話の中に、少しでも君たちを元気づける内容があったとしたら、私はそれだけでも満足だ。これで話を終わりにします。

◎若い人たちへの読書案内

内村鑑三／鈴木範久訳『代表的日本人』（岩波文庫）

明治時代のキリスト教思想家、内村鑑三（一八六一〜一九三〇）が一九〇八年に英文で刊行した著作の日本語訳である。国外の人々に広く読まれることを願って書かれたこの本は、内村が世界に誇るべき日本人として挙げる五人の人物を、簡潔な伝記のスタイルで描き出している。その五人とは、西郷隆盛、上杉鷹山《ようざん》、二宮尊徳、中江藤樹、日蓮上人である。読めば、内村がこの人たちをどれほど尊敬し、慕い、その魂に魅了されていたかがわかる。五人の個性をその行動から縦横に描いて、どんな近代小説よりも活き活きとした人間像を引き出している。登場する五人は、生きた時代も携わった仕事も異なる人たちだが、共通するのは、身ひとつの誠実を「天」までにも届かせようとする激しい覚悟である。この本を味読して、死んだ偉人への限りない敬意によって生きる幸福があることを、知ってもらいたい。

柳宗悦『工藝の道』（講談社学術文庫）

柳宗悦（一八八九〜一九六一）は、昭和の宗教思想家で民藝運動の主唱者である。この本は、昭和三年に刊行された柳の最初の主著で、「民藝」という彼の思想を初めて本格的に論じ、展開した。昭和初期のことだから、もちろん、その時代の読者に向けた言葉で書かれている。が、高い調べの文体は、少しも古くなっておらず、誰が読んでもよく理解できる。多くの人が感銘を受けるだろう。柳の言う民藝とは、名もなき人たちの工藝のことである。毎日の暮らしのために、ただ繰り返し繰り返し作られた日常品、茶碗《ちゃわん》や竹細工や織物――手仕事から生まれるそうした品物の驚くべき美しさ、健やかさに、この本は私たちの眼を開かせようとする。近代になって現われた機械工業による大量生産は、一方では、手仕事による工藝の価値から私たちの眼を塞ぎ、他方では、「芸術作品」という病んだ少数の高額商品を世の中に出回らせた。柳の民藝思想は、これら二種類の商品の〈物としての在りかた〉を厳しく断罪し、工藝品をめぐる大購買運動を巻き起こした。その革新性は、今も効力を失っていない。

西岡常一『木に学べ』（小学館文庫）

西岡常一（一九〇八～一九九五）は宮大工の棟梁《とうりょう》で、奈良、法隆寺の大修理や薬師寺大伽藍《だいがらん》の復元で名を馳《は》せた。この本は、西岡棟梁がインタビューに答える形で編集されているが、その言葉には想像を超える経験の裏付けがあり、大和弁の語り口は情があって、おかしく、名人気質の魅力に溢《あふ》れている。棟梁が語ることは、大工仕事とは何か、それは道具と共にどこまで深くなり、木や鉄の真髄、人の体の深奥を極める技に育っていくかということである。話されている内容は、西岡棟梁が知り尽くした実際上の仕事のことばかりだが、これほど充実した本物の文明論に出会うことはめったにない。どんな仕事に就こうとする人にも、一生の教えを与えてくれる本である。

学問の殻を破る

――世界に向けて自己を開放すること

今福龍太

いまふく・りゅうた

一九五五年、東京都生まれ。東京大学法学部卒業。八二年より、メキシコ・キューバ・ブラジルにて人類学的調査に従事。札幌大学教授、サンパウロ大学日本文化研究所客員教授等を務め、現在は東京外国語大学大学院教授、奄美自由大学主宰。『群島-世界論』（岩波書店）『レヴィ＝ストロース 夜と音楽』（みすず書房）『書物変身譚』（新潮社）ほか著書多数。

「世界の波打ち際」に向けて自分を開いておく

誰でもおそらく中学生、高校生の頃に「自分」を発見する。と同時に、その反対側にある「世界」と出会う。自分を包み込んでいるもっと大きな世界。自分がその中で生きている社会環境としての世界。あるいは人によっては自然環境としての世界かもしれない。

いずれにせよ、中学生、高校生の頃に、「自分」のまわりには「世界」というものがあるのだ、という感触を初めて本当に知ることになるのだと思う。それまでは生まれ育った「家」に守られていて、自分が無防備な状態で世界に直面しているという実感はない。

自分を発見すること。世界と出会うこと。この二つは表裏一体の出来事だ。世界と出会うことによって改めて自分を発見しなおす、と言ってもよい。

「世界と出会う」とは、もう少し詳しく言うと「自分にとって手も足も出ないような、人間のスケールを超えた、ある大きな力と出会う」ことだ。そういう経験がきっと皆さんにもあると思う。まだないという人も、近いうちにきっとある。「大きな力」とは何なのか、人によって違うだろうが、それに出会う瞬間は必ず訪れるにちがいない。

しかし、自分の狭い殻に閉じこもっていては、そういう機会が訪れても気づくことができない。だから、自分をバリアで囲い込むのではなく、何か大きな力と出会う機会に向けて、常に自分を開いていてほしい。

「自分」はつねに「世界」のさまざまな波打ち際と接している。その波打ち際はいつも近くにある。それに向けて自分を開いておく。開く勇気を持つ。

たしかに、大きな津波が来たらどうするのか。逃げられないではないか。とすると「世界の波打ち際に向けて自分を開く」のは一見、怖いこと、危険なことのように思えるかもしれない。

でも、そうではない。

東日本大震災の大津波では、防波堤を人工的に築いても役にたたないことがわかった。でもそれはコンクリートの防波堤を超える高さと威力の津波が来たからで、もっと高くて強固な防波堤を築くべきだ、という判断がいまだにある。けれども、本当にそうだろうか？　そんな教訓でよいのだろうか？

私たちは海という巨大な謎の世界と、自分たちが住んでいる見知った街を、防波堤という境界で分断してしまった。つまり、バリアを築いて自分たちを囲い込んでしまった。そう考えてみてはどうだろう。

かつて海辺で暮らしていた人々は、海を通じて世界と対面していた。海の色、潮の匂い、波の音や高さ。これらはすべて情報のアーカイブだった。それを読み解けば、天候がどんなふうに変化するか、いつ、どのくらいの大きさの波が来るかがわかった。つまり海という巨大な謎の世界からのシグナルをキャッチできた。それは長い時間のなかで知らず知らずに身についた知恵だ。

ところが、海と人との間に巨大なコンクリートの壁を築いたらどうなるか。そうした自然がもたらす情報は遮断されてしまう。人間が海と対話することができなくなってしまう。天候の変化も、津波の危険性も察知できない。やがて海からのシグナルをキャッチする感受性は失われていく。人は生きるための大切な知恵の一つを捨ててしまったのだ。

だから皆さんに言いたい。自分を開くのは決して無防備な仕草ではない。外の世界から発信されているさまざまな信号や情報を全身で受け止める。それは、自然に向けても社会に向けても自己を開放し、対話することなのだ。その行動を恐れてはいけない。

アカデミズムの外にも学問の世界はある

僕が皆さんと同世代の頃、どんなふうに世界と出会い、結果として自分を再発見する糸口をつかんだか。それについて思いつくままに話したい。そこから皆さんが、自分自身の現在と未来に照らし合わせて、何かヒントになることを受け取ってくれたら、とても嬉《うれ》しい。

小さい頃に僕が初めて出会った世界は昆虫の世界だった。いまや虫は嫌われ者だけれど、一歩外に出れば豊かで神秘的な虫の世界が広がっていた。虫たちもまた、世界がわれわれに対して送り込んでいる信号の一つだ。僕はその信号に関心をもち、虫を採ることで外の世界に飛びだし、対話することを学んだ。卵や幼虫を採集して飼育もした。そうやってひたすら昆虫のことを深く知ろうとした。

ファーブルの『昆虫記』は知っていると思う。僕も皆さんくらいの頃に虫を通じてジャン＝アンリ・ファーブル（一八二三〜一九一五）の本に出会った。ファーブルはおもしろい人で、いうなれば権威に対する反逆者だった。

当時のヨーロッパはチャールズ・ダーウィン（一八〇九〜一八八二）の進化論が権威を持ち始めていた時期だ。生物が自然環境との関わりの中で共通の祖先から長い時間をかけて変化してきたことを明らかにした進化論は、学問的には一つの大発見だった。

ところがファーブルは『昆虫記』で「進化論にお灸《きゆう》を据える」というタイトルの一章を書いている。ダーウィンの進化論は自然の実態とかけ離れた観念的な理論にすぎないのではないか。それがファーブルの意見だ。

『昆虫記』にあるように、ファーブルは南フランスの野山で小さな昆虫たちの生態を徹底的に観察した。

例えばハチの仲間でも種類が違えば食べているものも全く違う。昆虫たちが自然の中で生きている多種多様な姿をありのまま、事細かに調べ続けていたファーブルにとって、ダーウィンの学説はあまりにも抽象的な机上の空論に見えたのだろう。ファーブルはかなり本質的にダーウィンを批判している。

結局、今に至るも学問としてはダーウィンの進化論は生物学の正統であり続け、ファーブルは自然観察家としては有名だが、学問的にはあまり評価されていない。それでよいのだろうか？　ファーブルを学者として再評価するのは興味深いテーマだ。皆さんの中からそんなテーマに挑戦する人が出てくることを期待したい。

しかもファーブルは生物学だけの人ではない。詩人であり、作曲家でもあった。それから、南フランスのオック語という古い少数言語が消滅しかけているのを心配して、保護運動にも乗り出した。九二歳まで長生きした人だから、いろんなことをやっている。生涯を通じてアカデミズム（大学など学問の権威的な世界）の外にいた人で、反骨精神、批判精神が非常に強い。

今から振り返ると、僕は虫の世界を通じてファーブルのそうした存在に惹《ひ》かれていたような気がする。僕自身ものちに、学問の形式的な枠組みからどんどん離れていってしまった。自分の中では一貫した情熱と探求心があるのだけれど、外からみると僕のやり方は決められた枠からはみだし、公式的な学問の道から外れてどこか遠くへ放浪していったように見えるらしい。そうした動き方には、もしかしたら少年期に出会ったファーブルの影響が強いのかもしれない。

小学生の頃から僕は、捕虫網や飼育瓶などを買うために、渋谷の宮益坂の上にあった「志賀《しが》昆虫」という店によく通っていた。日本で最初に昆虫の採集道具や飼育道具を独自に開発・販売した志賀昆虫普及社の志賀卯助《うすけ》（一九〇三～二〇〇七）は、日本のアマチュア昆虫学の普及に決定的に重要な役割を果たした。彼も一〇四歳とファーブル以上に長命だった。

昆虫学は好奇心が旺盛なアマチュアによって支えられている。新種を発見して昆虫学の展開や向上に貢献している大多数の人は大学の学者ではなくアマチュアの昆虫採集家だ。その中には子どももいる。これは天文学も同じで、新しい星を発見する人の中には多くのアマチュアの天文家がいる。

毎日毎日、空を見上げて天体観測している人。毎日毎日、野山に出て昆虫を探している人。学問はアカデミズムの専門家だけで成立するのではなく、そうした民間の愛好家やアマチュア学者によっても支えられている。学問はわれわれの日常世界と無縁ではない。アカデミズムの外にも広大な学問の世界はあるのだ。

志賀夘助は八〇年近いアマチュア昆虫学者としての生涯を回想した『日本一の昆虫屋』（文春文庫、二〇〇四）という本を書いている。素晴らしい本なので、機会があったらぜひ読んでほしい。

虫を採ってきたら標本にして細密画を描くことにも僕は一時期とりつかれた。写真では再現できない細かいところをルーペで観察して描くのだ。これについては、長野県の安曇野に住んで北アルプスの高山蝶《ちょう》を研究し続けた田淵行男《たぶちゆきお》（一九〇五〜一九八九）という人に影響を受けた。彼は腕のよい写真家であると同時に、蝶の見事な細密画もたくさん描いた。それらは今、松本市郊外の田淵行男記念館に展示されている。

人類学と山登り

僕の中学・高校時代のヒーローといえば、植村直己《うえむらなおみ》（一九四一〜一九八四）やラインホルト・メスナー（一九四四〜　）といった登山家だった。虫を採っていた素朴な野山の世界から、少しずつ高い山の世界に惹かれていったわけだ。

その背後には、ヨーロッパで生まれた、高く険しい山を征服しようとするアルピニズムという一つの思想がある。

困難で美しいものを征服しようとする技術と精神力に価値を見出すアルピニズムは一八～一九世紀に原型が生まれた考え方だ。

「なぜ人は山に登るのか。そこに山があるから」

この有名な言葉は、アルプスという高く険しい山々に囲まれたヨーロッパの風土でこそ生まれた。あの気高く聳《そび》える山のてっぺんまで登ってみたい。困難を克服して頂に立てば山を征服したも同じだ。そういうことに価値や美を見いだす考え方は、必ずしも人間にとって普遍的なものではない。いつも遠くにゴツゴツした高い岩山が見える土地に生きている人々ならではの考え方だった。

日本には緑におおわれた、なだらかな山々は全国にあるけれど、高くそびえる険しい岩山、つまり人間が征服の対象として見るような高山はあまりない。だから日本人にとって山登りはどちらかといえば「逍遥《しょうよう》」（気ままにあちこち歩きまわること）の一種であり、専門的な道具を駆使して頂上を極めるような考え方はあまり発達しなかった。

だから日本ではアルピニズムの思想は育たず、二〇世紀になってヨーロッパから輸入された。特に僕の中学・高校時代には、世界の高山をめざすアルピニズムが先鋭的でカッコよく見えた。植村直己やラインホルト・メスナーがヒーローだった。

植村直己が世界の五大陸の最高峰を制覇して大きな話題になったのは一九七〇年、僕が一五歳のとき。メスナーはイタリア人で、彼も超人的な登山家だ。一九七〇年にヒマラヤの八〇〇〇メートル峰、ナンガ・パルバットに登頂して以来、一九八六年までにヒマラヤにある八〇〇〇メートル級の山一四座にすべて無酸素で、しかもほとんど単独で登った。とてつもない偉業だ。そんな人たちが登場して、僕の山に対する憧れが一気に高まっていった。日本の南北アルプスの山に、冬も含めて登るようになったのはこの頃だ。

山といえば、実は日本の人類学は山登りと深い関係があった。

今西錦司《いまにしきんじ》（一九〇二～一九九二）、梅棹忠夫《うめさおただお》（一九二〇～二〇一〇）、泉靖一《いずみせいいち》（一九一五～一九七〇）。この三人がキーパーソンといえるだろう。

今西錦司はダーウィンと全く違う観点から進化学説を唱えた。日本が生んだきわめて重要な生物学者・生態学者だ。同時に日本の登山のパイオニアでもある。彼の『山岳省察』（一九四〇）は名著だ。京都大学に学士山岳会を創設し、ここから学者でも登山家でもある多くの逸材が巣立っていった。例えば西堀栄三郎《にしぼりえいざぶろう》（一九〇三～一九八九）。日本で最初の南極越冬隊隊長として有名だが、大学では化学を専攻しながら山に登っていた。

京都大学学士山岳会のメンバーで今西グループの代表の一人が、日本の人類学のパイオニアの一人となった梅棹忠夫だ。二〇一〇年、九〇歳で没した。

梅棹が三六歳のときに書いた『モゴール族探検記』（岩波新書、一九五六）というみずみずしい処女作がある。アフガニスタンの奥地の山岳地帯に住むモゴール族は、古いモンゴロイドの生き残りといわれていた。日本人の遠い祖先であるモンゴロイドの原型を探りにいくロマンティックな探検記だ。

大阪千里の国立民族学博物館は日本の人類学の拠点の一つで、梅棹が初代館長を務めた。梅棹の思想と行動の基盤には、京都大学学士山岳会での登山の経験があったことはまちがいない。民族学や人類学の視点は、山を歩き、登り、伝統的な生活をする民族たちと出会うことで生まれたといえる。

キーワードは冒険、探検、未知、発見

京都大学学士山岳会から生まれた人類学の系譜とはまた違うところから出てきた人類学者が、泉靖一という人だ。東京大学に戦後、文化人類学科を創った人だ。僕は高校生のころ、この人に決定的な影響を受けた。今の僕があるのは、一つには泉靖一の自伝『遥《はる》かな山やま』（新潮社、一九七一）を高校時代に読んだからだ。

まさに皆さんの年頃、僕は夢中になって山に登っていたから、人類学と山との関わりも知っていた。そんな中で、登山家でありながら人類学に進んだ泉靖一という人物に関心を持っていた。

『遥かな山やま』は自伝とはいえ、五〇歳から五二歳の頃に書かれているから、一般的に言えばまだ半生に過ぎない。ありとあらゆることをやり遂げた人間が人生を振り返ったような本ではないが、実のところこの時点ですでに、泉の人生と学問のすべてがこの本の中にあるといってよい。

実際、泉はこの本が刊行される直前に、病気で亡くなってしまう。五五歳の若さだっ

た。『遥かな山やま』は泉の遺著になった。

僕がこの本を読んだのは泉が亡くなった直後のこと。山から人類学へと一人の人間の関心が移って行く精神の軌跡を、これほどみずみずしく描いた本はないと思い、決定的な影響を受けた。

泉は小学生時代から父親の仕事の関係で、当時日本の植民地だった京城（今のソウル）に住んでいた。他者に囲まれて日本の外地で成長する特異な経験だ。京城帝国大学（今のソウル大学の前身）で人類学、社会学を修め、朝鮮半島や東アジアをフィールド（調査地）にして人類学を研究しようとした。

ところが戦争になり日本が敗戦となって、すべてを一瞬にして失った。日本が占領していた植民地は消え、京城帝国大学もなくなった。彼はすべての拠点、すべての人間関係、すべてのフィールドを失った。

戦後、京都大学学士山岳会系統の人たちがヒマラヤやアフリカをフィールドに研究を目指しており、そちらへ参加する機会はあったが、泉は行かなかった。独自のフィールドを新たに南米に求め、ブラジル、ペルー、メキシコに渡った。自力で新しいフィールドを切り開いたのだ。これは、それまで蓄積していた学問的なバックグラウンドをすべて捨て去ることを意味する。学者としてなかなかできることではない。でも彼はそれをやった。

『遥かな山やま』の一節を紹介しよう。冒頭の「峠」というのは、南米大陸西側に連なるアンデス山脈、ペルー北部の峠のこと。決意と逡巡《しゅんじゅん》がないまぜになって、泉が迷いながらも自分の学問と人生の未来に賭けようとしている一節だ。

「峠にたって、麦畑の彼方、西のほうをふりかえると、ワスカランを首峰とする白コルディエラの氷河の連山が、屏風《びょうぶ》のようにたちはだかっている。ながらく忘れていた山へのうずくようなあこがれが、雲のように湧きあがってくる。山は、戦争にむしばまれた私の青春そのものであった。その山へのあこがれこそは、青春そのものへの回帰の希求をあらわすものかもしれぬ。アンデスに魅せられ、アンデスの先史学に取り組むことは、学問のうえではこれまで歩いてきたことのいっさいを否定し、まったく未知の世界のなかに自分をおくことになるのである。その意味で、アンデスへの私の執念は私の学問上の生涯でのまわり道になるかもしれないが、それでもかまわない。青春とはあやまち多いものなのである。」（『遥かな山やま』二七六頁）

素晴らしい一節だと思う。このときの泉は四〇歳ちょっと。昔をふりかえって「青春とはあやまち多いものなのである」と四〇歳で言うのは少し早すぎるところもあるが、もう一度青春をとりもどしてやるというほどの夢を感じる一節だ。

自分が諦めなければならなかったもの。青春、山、朝鮮半島。彼はアジアのシャーマニズム（祈禱《きとう》や呪術など民族の宗教的な慣例や儀式）を研究したかったが、戦争によってだめになってしまった。日本が東アジアを侵略したがゆえに、敗戦後にそのままフィールドに居坐ることはできない。フィールドを変えるしかなかった。すべて挫折だ。

青春のあやまちと彼は言うが、その青春のあやまちが今でも続いているのかもしれない。アンデスをこれから研究して本当によいのだろうか、という迷いもある。でも、山へのみずみずしい、忘れていたあこがれがうずいてくる。

このあと彼はアンデス古代文明の起源を書きかえるコトシュの古い神殿を発見するな

ど、大きな業績を残していく。それは、アンデスの山に囲まれたところに人が住み着いてきた長い歴史への関心として、山と泉はつながっていたことも意味する。

山とつながったロマンティックな人類学。泉を知ったことは、僕にとって決定的な「世界との出会い」方のレッスンになった。キーワードは冒険、探検、未知、発見。ロマンティックな動機づけのなかで僕もまた山と人類学をつなげようとしていった。

わかりやすいことには気をつける

しかし、泉との出会いだけでは、今の僕はない。もう一つの人類学との決定的な出会いがあった。それが大学初めの頃のことだ。

フランスが生んだ二〇世紀最大の人類学者、クロード・レヴィ＝ストロース（一九〇八〜二〇〇九）と、人類学の領域をどんどん逸脱して『アフリカの神話的世界』（岩波新書、一九七一）『歴史・祝祭・神話』（中央公論社、一九七四）『道化の民俗学』（新潮社、一九七五）など精力的に本を書いた山口昌男《まさお》（一九三一〜二〇一三）。この二人との出会いだ。

今日はレヴィ＝ストロースの話をしよう。彼は一九七七年に初めて日本を訪れ、「民族学者の責任」というタイトルで講演した。東京の有楽町のホールへわくわくしながら講演を聴きに行ったことを、まるで昨日のことのように覚えている。

その頃レヴィ＝ストロースは「構造主義」という独自の新しい人類学の理論を打ち立てていた。彼は南北アメリカのインディアン（先住民）の何千にも及ぶ異なった神話をすべて分析・研究して、その神話の中に働いている数学的といってもよい緻密な論理を四巻の分厚い本にまとめた。そのなかで全面的に展開されている思考法が構造主義だ。一九七〇年代レヴィ＝ストロースは構造主義の理論家として知られ、日本でも有名だった。その人が日本にやってきて、難解な構造主義の理論について講演するのかと思い、非常に興味があった。

難解であれば難解であるほど興味が湧く。それが若さの特権の一つだと思う。難しいことを否定的にとらえてはいけない。易しく読めるものの方が、むしろすでに出来上がった知のくり返しに陥っていることも多い。

わかりやすいことには逆に気をつける。わかりにくいことのほうがはるかにおもしろい。こうした感じ方を、ぜひ大切にしてほしい。

わかりやすいことが今、とても安直に求められている傾向が目立つ。でも「わかりやすいこと」は、すでにある、誰もが知っている情報のパッケージとして組み立てられているから「わかりやすい」のだ。新しい発想や理論、新しい知識や知恵というものは、まだ情報としてパッケージ化されていない。よくわからないところからモヤモヤとつくりあげていき、あるとき直感のようにして真理を発見する。だから新しいものには、はじめ必ずわかりにくさがつきまとう。「わからない」のは、ネガティブでつまらないことではなく、ポジティブでおもしろい未知がかくれているということなのだ。

当時の僕にとって、レヴィ＝ストロースの構造主義はほとんどわからなかった。読んでも、読んでも理解できない。だからこそおもしろかった。何かヒントになる話をしてくれるだろうと思って講演を聴きに行ったら、なんと「民族学者の責任」というタイトル。そこでは構造主義理論の話はいっさい出ない。レヴィ＝ストロースは、民族学者や人類学者はどのような倫理と責任をもって今の世界に立ち向かっているのか、について情熱的に話した。

先進国はひたすら自分たちの利益と発展のために地球上のありとあらゆるエネルギー

や資源、土地を乱暴に開発してきた。それによって先住民族の居住地を狭め、最終的に彼らを文明化させると言いつつ、彼らの多様な言語や音楽、舞踊、神話などの中に込められた知識や知恵を根こそぎ奪い取っていった。

レヴィ＝ストロースはひたすらそんな話をし、文明の奢《おご》りにたいして厳しい批判をした。彼は著作では、そうしたことについてあまり述べてはいなかった。にも関わらず、この講演では、民族学者として世界に向きあって仕事をしているときに持つべき深い倫理観と責任について語ったのだ。学問をするのも一人の人間であり、その責任を世界のすべての人々、地域にたいして果たさなければならないという考えだ。

それを聴いて大きな衝撃を受けた。学問のために学問をするのではない。学問を自己目的化してはいけない。研究者もまた、一人の人間として世界にたいして大きな責任を負っていく営みなのだ、と思い知らされた。

近代科学とは異なる「もう一つ別の科学」

そんな衝撃の中で二六歳のときメキシコへ飛び出した。もっと早くから日本脱出の願望はあったが、当時は今ほど海外へ行くことが簡単ではなかった。さすがにもう一ドル三六〇円の固定相場制の時代ではなかったが、当時はまだ一ドルが二百数十円。海外に長く滞在したり生活するためには、日本円はまだまだ価値が低かった。

山への関心から、さらに発展して人類学へ。そしてロマンティックな人類学を超えて、レヴィ＝ストロース的な倫理と責任。近代文明を是として、資本主義の先進的な生活の中に意味や富や豊かさを追い求めてきた人類にたいする大きな問い直し。そうした視点から僕は、先住民文化がいまだに豊かに息づくメキシコに出かけて行った。

メキシコでフランスの作家ル・クレジオ（一九四〇〜　）と遭遇したことも、僕にとって大きな出会いの一つだ。ル・クレジオは、パナマのインディオに関する傑作『悪魔祓《ばら》い』（一九七一）を書いた後、メキシコのプレペチャ族のインディオが住む地域で生活し、彼らの古い神話をフランス語に翻訳する仕事をしていた。僕もそのとき、ちょうどプレペチャ族の祭りの調査をするために同じ地域に入っていたので、ル・クレジオと会う機会があった。

ル・クレジオは二〇〇八年にノーベル文学賞をとったので今では世界的に有名な作家

の一人になったが、僕も当時すでに『悪魔祓い』を読んで、西欧文明の横暴を批判し、インディオの野生の知恵を再発見しようとするその視点に圧倒的な影響を受けていた。その本人とメキシコで偶然出会ってしまう。こういう奇跡のような偶然も、人生にはあるものだ。

僕がメキシコへ行って、インディオの中で自分と世界との関係をもう一度はかり直してみようと思い立った、その大本のところにル・クレジオの著書『悪魔祓い』があることには薄々気づいていた。その著者本人と、同じメキシコのフィールドで出会うことになるとは夢にも思わなかった。自分がメキシコに来たことは間違ってはいなかったと確信した。

ル・クレジオはインディオの世界を西洋文明に対置して捉えていた。失われた原始的、野性的な生活としてインディオの世界をノスタルジックに美化するのではなく、人類が近代化する過程で捨て去ったもう一つの生き方の可能性として考えていた。それは今まで私たちが歩いてきたのとは違う道であり、考え方であり、近代科学とは異なる、もう一つ別の科学＝知なのではないか。

レヴィ＝ストロースも神話を分析しながら、そこにもう一つの科学的思考があることを突き止めた。それを彼は「The science of the concrete——「具体の科学」と呼ぶ。抽象的な概念によってできた科学ではなく、具体物によってできた科学。インディアンは周囲にある動植物、昆虫や蜜、あるいは何かを燃やした後に残る灰、といった具体物を使って世界を理解する考え方を非常に緻密に構築した。西洋近代の天文学や地質学と同じような体系をもちながらも、近代科学とは全く別の科学を、具体物をめぐる考え方によって築き上げた。たとえば、食べ物が生か、火が通っているか、あるいは腐っているか、発酵しているかといった違いを、人間の日常的な思考法の様々な領域にあてはめて考えていくようなやり方だ。レヴィ＝ストロースは神話研究によってそのことを解明してきた。

ちなみに僕の著書『レヴィ＝ストロース　夜と音楽』（みすず書房、二〇一一）は、今述べたような観点からレヴィ＝ストロースの著作を読み直した本。高校生の皆さんにも読んでもらえるような言葉を使いながら書いたつもりなので、関心があれば少し背伸びをして読んでいただけるとうれしい。

豊かな可能性をもつ異種混合の文化と言語

メキシコから、その後に滞在したカリブ海のキューバやブラジルを経由し、やがて僕は「群島論」という一つの考え方にたどり着いた。これは、いくつもの島々がつながってできた群島という場から、世界の見え方をもう一度考え直してみようとするアプローチだ。

メキシコ以来、三〇年近く会わなかったル・クレジオと二〇〇六年に日本で再会し、彼を奄美《あまみ》群島に連れて行くことになるのも、そうした流れの中の出来事だった。なんとも不思議な人生の巡り合わせというしかない。

「群島論」とは何か。人間は今まで世界をどう見てきたか。大陸側からしか見てこなかった。なぜなら、近代文明につながる文明を生みだしたのは、ヨーロッパであれアジアであれ、すべて大陸だったから。人間のものの見方は、無意識のうちにすべて大陸的な視点に支配されていた。

その一方で、大陸から離れた、つまり近代の産業社会を基盤とした文明につながる文明ではない、もう一つ別の文明を生みだした群島で暮らす人々の側に立つと、世界はまるで違う見え方をする。そうした群島側からの視点、群島的なものの見方が、これまで欠落していた。それをもういちど考え直したいと思い『群島‐世界論』（岩波書店、二〇〇八）という本を書いた。

ここには言語の問題も深く関わっている。

英語、フランス語、日本語、アラビア語、あるいはインディアンのアパッチ語。こうした言語は、それぞれ固有のルーツ（根）をもっている。国や地域、民族に古くから根付いた文化と歴史の中から生み出されてきた言語だ。

その一方で、西洋近代文明の支配下にあった植民地では、異なる言語同士の混血が起こり、その土地に古くから根付いていた言語ではない、まったく新しい異種混交した言語が生まれた。これを「クレオール語」と呼ぶ。

西洋人はたとえばカリブ海のキューバやジャマイカを植民地にしてサトウキビをつくり、それをヨーロッパで消費した。黒人たちを奴隷として使い、非常に不平等・不均衡な経済構造のプランテーション（大規模農園）をつくった。ヨーロッパがそうやって富を蓄えたから、西洋を中心に近代文明が発展したのだ。

キューバやジャマイカ、あるいはハイチやマルティニクでは、アフリカの各地から黒人たちが奴隷として連れて来られ、サトウキビ畑で働かされた。それぞれ違う部族の人たちが集められる。互いに違う言語を話すから、意思の疎通ができない。となると、自分たちの間で共通に使える新しい言語をつくるしかない。

どうやってつくったかというと、植民地支配しているフランス人やイギリス人が使っている語彙を適当に借用し、自分たちが使っていたアフリカ系の文法に合わせて並べ換えた。仮に日本語で表現するとしたら「ワタシ、アメリカジンアルヨ、アナタノトモダチ、ナリタイアルヨ」のようなカタコトのようにも聞こえる言葉だ。

このように、互いに違う言語を使っていた者同士が、どうにか意思の疎通をはかろうとして、何かしら基盤となるまったく別の言語から単語を一つひとつピックアップし、とりあえず間に合わせのように使う言語を「ピジン語」という。自分たちの母語から離れてあみ出したごちゃまぜの「第二の言語」だ。

こうしたピジン語を日常的に話していた親をもつ子どもの世代は、不思議なことにピジン語から、一つの体系的な文法規則をもつ「第三の言語」を生みだしていく。間に合わせに使う貧弱な言葉ではなく、意思の疎通のための十分な豊かな語彙をもった言葉が自然に生まれてくる。これがクレオール語だ。

西洋の植民地に連れてこられた奴隷たちが、もともともっていた民族固有の文化や言語。それはプランテーションの労働の中で強制的に消滅させられる。しかし人間は、そんな苛酷な状況の中でも、なんとか意思の疎通をはかろうとする。そのために、さまざまな文化と言語が混ざり合った、混とんとした状況の中から、人間は一つの新たな文化と言語をつくりだした。

こうした混血・混合文化が、ハワイやマダガスカル、カリブ海地域やマレー群島など異種の文化が衝突して植民地化された場所に点々と残っている。その場所は「群島」であることが多い。

混血・混合した文化・言語にはルーツがないので、否定的に捉えられることも多い。しかし、それは誤りだ。むしろ、単一のルーツをもつ文化・言語よりも、多くの素材によってかたちづくられているため、とても豊かな包容力と可能性をもつ文化・言語の在り方といえるだろう。

日本も島国だ。けれども、カリブ海などの群島と違い、長い歴史の中でただの一度も、他国の植民地になったことはない。だから近代の歴史の中では文化・言語の混血・混合は、ほとんど起こらなかった。外国人に接した経験も少ないから、多くの日本人は、今でも外国人を前にするし、何となく気後れしてしまう。ましてや混血に対する拒絶反応は、ことのほか強い。

ポルトガルが植民地にしていたブラジルは大きな大陸国家だが、文化的には群島に似ている。とりわけ一九世紀後半以後、世界中のあらゆるところから移民が集まり、さまざまな民族の血が入り混じってきた。

僕の友人のブラジル人はポルトガル系とイタリア系とインディオ系の血が入っている。その彼が日系アメリカ人女性と結婚することになった。彼女は彼の実家へ挨拶に行った。すると父親は大喜びで歓迎し、こう言ったという。

「ウチにはいろんな血が混じっているけれど、日本だけなかったんだ。ようやく日本の血が入って完璧なものになった!」

これは僕たち日本人の感覚とはずいぶん違う。しかし、こういう世界もあるということを、ぜひ知ってほしい。自分という個人を世界に向けて開くだけでなく、ひとつの社会全体が、すべての世界に向けて自己を開放している姿だ。

未来を切り拓く勇気を

今、あらゆる情報は断片化され、タグ（分類指標）を付けられ、整理されてメディアから提供される。それはわかりやすくパッケージ化された情報だ。

レヴィ＝ストロースがアメリカインディアンの神話を研究しようとしたとき、目の前にある世界には、なんのタグも付いていなかった。彼は三〇年も四〇年もかけて、過去数世紀の間に連綿と伝承されてきた神話を自分の中に吸収して、それらをすべてもう一度自ら「生き直した」。

神話というのは、一人の人物が鳥になったり、動物になったり、あるいは体が半分に分かれてみたり、また人間に戻ったり、とても不思議なことを繰り返しながら生きていく物語だ。その物語全体をレヴィ＝ストロースはひきうけ、生き直そうとした。情報として分類整理されていない、混とんとした何かを自分なりにとり込んでいく方法は、それしかない。途方もない方法だが、レヴィ＝ストロースの学問はそこからしか生まれてこなかった。

それはパッケージ化された情報を適当につぎはぎして何かをつくり上げるのとはまったく違う孤独で困難な作業だ。しかし、そういう作業が少しでも継続的に行われていかない限り、使い古された情報の瓦礫《がれき》だけが積み重なる世界になってしまうだろう。

僕の専門領域は「文化人類学」ということになっている。これもまた一つのタグにすぎない。泉靖一の著作に出会ったとき、確かに文化人類学は夢のような学問として目の前にあった。山に登り続けながら学問になるなら、こんなに素晴らしいことはない、と思った。

しかし大学で研究するうち、どんな学問分野でも形式的に与えられたものにすぎない、と強く感じ始めた。一つの学問分野の守備範囲は、大学というシステムの中で、あくまでも便宜的に縦割りで決められたものでしかない。それは、学問そのものの中から内在的にできあがってきた枠組みではなく、その学問分野が大学の中で生き延びるために与えられた枠組みにすぎない。文化人類学に限らず、経済学、政治学、社会学……すべてそうだ。

これから大学に進学して、研究者の道を選ぶ人もいるだろう。そういう皆さんはぜひとも、学問分野が生き延びるために制度の中であてがわれている枠組みなどたいしたものではない、という気構えをどこかでもっていてほしい。

殻は破られるためにある。殻を破らず、一つの守備範囲の中でだけ物事を考えているかぎり、そこからは決して真に新しいものは生まれない。以前に誰かがやったことの反復でしかない。守備範囲としてあらかじめ与えられた枠組みの中でだけ仕事をしていれば楽ではある。パッケージ化されたわかりやすい情報に依存していれば、深く考える必要もない。しかしそれでは前例のないことはできない。未知を切り拓くこともできない。今の学問も、社会も、少なからずそうした袋小路に陥っている。

皆さんには冒険をしてほしい。わくわくするような未知の世界と出会ってほしい。そのためには殻を破って自ら新しい未来を切り拓くことをおそれないでほしい。誰がなんと言おうと、自分の信ずる道を進む勇気を失わないでほしい。

◎若い人たちへの読書案内

①W・H・ハドスン『緑の館』（岩波文庫）
②L・ヴァン・デル・ポスト『カラハリの失われた世界』（ちくま文庫）
③ケネス・ブラウワー『宇宙船とカヌー』（ヤマケイ文庫）

情報化社会の進展はすべての知識が机の上に集約できると私たちに思いこませた。インターネットは地球上に存在する地理的な距離をほとんど無意味なものにしかけている。けれど、いまいちど、世界が生身の存在であること、つまり、身体をもった有機的な生命体のエネルギーと神秘に満ちあふれた広大な領域でもあることを思い出したい。そうした未知なる世界と私たちの接触を取り戻したい。

そんなときは旅に出るのが一番だ。けれど本もまたそんな冒険の心を準備するときの大いなる助けになる。心が揺れる青春期。現実のなかで自分の自由が押しつぶされそうになったとき、熱帯の密林から響いてくる魅惑的な呼び声が一人の青年の冒険の引き金を引く。南米で生まれ育ち、のちにイギリスで作家となったハドスンによる①は、野生の森の懐に抱かれて生きる無垢の精神の発見を、若い男女の霊的な交感の物語として描いたみずみずしい小説。こうした原初的世界への想像力を失ってはいけない。鳥類学者でもあったハドスンの、故郷アルゼンチンのパンパ地方の自然誌を自伝的な記述も交えて賛美した『ラ・プラタの博物学者』（講談社学術文庫、一九九八）もいっしょに奨めておきたい。

大地の未知、人間の内部に潜む神秘について考えようと思ったら、アフリカに回帰するべきだろう。ホモ・サピエンスの誕生地としてそこが人類（ヒト）の故郷である、というだけでなく、植物や動物、そして人間から岩や泉のような無生物にいたるすべての自然環境が、そこではいまだに深い精神的な統一体として生命現象を動かす主体となっているからだ。南アフリカに生まれ、オランダ系白人でありながらブッシュマンの乳母に育てられた作家ヴァン・デル・ポストは、②のなかで、滅亡寸前の砂漠の狩猟民たちが生きる原始世界のなかの深い智慧のみなもとへ、深い敬意と憧憬とともに入ってゆこうとした。このようにして、現代文明は、みずからが失ってしまったもっとも純粋な精神性の源泉を、たえず思い起こそうと努力してきたのだ。

未知の探究への衝動、文明の袋小路を突破してゆこうとする情熱と夢は、時代によっても変化し、世代とともに別のかたちで受け継がれてゆく。③は一組の父子の伝記のかたちをとって描かれた人類の夢の交差の記録。世界的な理論物理学者であり、オリオン計画によって巨大宇宙船とスペース・コロニーの夢を追ったフリーマン・ダイソン。一方、一七歳で家出し、カナダのブリティッシュ・コロンビアの大自然での暮らしのなかで先住民のカヌー建造の技術を学び、それを現代におけるエコロジカルな生活に応用しようとした息子ジョージ・ダイソン。科学にもとづく先端技術に向かうか、自然にもとづく伝統技術に向かうか。一見正反対に見える親子の生き方のなかに、現代世界における自然と人間のかかわりの複雑さをめぐる大きな構図が見えてくる。歴史のなかで、人間はいつもさまざまな方法によって現状を打開しようと夢見、努力し、挫折し、そこからふたたび新たな夢に向けて歩んできたのだ。世代を超えて、その真実は揺るがなかった。

脳の上手な使い方

茂木健一郎

もぎ・けんいちろう
一九六二年生まれ。ソニーコンピュータサイエンス研究所シニアリサーチャー。東京工業大学大学院連携教授。東京大学理学部、法学部卒業後、同大学院理学系研究科物理学専攻課程修了。理学博士。理化学研究所、ケンブリッジ大学を経て現職。「クオリア」をキーワードとして、心と脳の関係を探究している。著書に『意識とはなにか』『「脳」整理法』『生きて死ぬ私』『クオリア入門』『脳とクオリア』『心を生みだす脳のシステム』『ひらめき脳』『脳と仮想』などがある。

脳には「取り扱い説明書」がない

みんな、それぞれ脳を一つずつ持っている。でも、脳には「取り扱い説明書」がない。例えば、勉強やスポーツで、自分の脳をもっとよく使いこなしたい、と思っている人は多いだろう。じゃあ、どうしたら自分の脳をうまく使えるようになるのか、聞いたことがあるだろうか？

僕も、中学・高校のとき、どうしたらもっと頭がよくなれるのか、なんて思ったことがあった。男の子だったら、どうすれば女の子にもてるようになるのかとか、女の子だったら、きれいになるにはどうしたらいいのかしらなんて、きっといろいろ考えたり、悩んだりしたことがあると思う。

でも、その答えが書いてある「脳の取り扱い説明書」なんてだれも知らない。

ただ、脳科学の研究でわかってきたことと、僕自身の中学・高校での体験を照らし合わせてみると、大変おもしろいことがわかる。

『クレヨンしんちゃん』というマンガの舞台になった、埼玉県春日部《かすかべ》市というところで僕は育った。中学校に入るとき、クラスで一番になると春日部高校に入れる、学年で一番になると県立浦和高校に入れる、と言われた。当時、春日部高校は毎年東大に一〇人ほど、県立浦和高校は五〇人ほど合格していた有数の進学校だ。

でも、そんなふうに言われて、とてもイヤな気持ちがした。一つには、クラスで一番とか、学年で一番とか、仲間たちと競争しなくちゃいけないのかなあ、というのがイヤだった。もう一つには、クラスや学年でトップなんて、とても無理だと思ったから。世の中ってイヤだな、灰色だな、と思った。

中学に入って最初の学力テストでは、学年で一七番。決して悪い成績ではなかったけれど、クラスで一番、学年で一番とさんざん聞かされていたので、この成績はショックだった。それまでも、勉強は嫌いではなかったのに……。

でも、このときに僕の中で何かが変わった。そして次の試験で学年一番になり、三年間トップの座を譲らなかった。

何が変わったのか――僕の話はまた後に譲るとして、「本当に勉強ができる」とはどういうことなのか、まずは親友の例をあげよう。

「頭がいい」とは努力の仕方を知っていること

東京学芸大学付属高校に入学し、そこで生涯の友、和仁陽《わにあきら》に出会った。彼こそは高校時代の宿命のライバルだ。例によって僕は高校に入ったときはボーッとしていて、最初の実力テストでは学年で七七番。高校三年間で一度だけ和仁を抜いてトップになったことがある。

和仁は共通一次試験（現・センター試験）一〇〇〇点満点中、九八一点をとって全国一位になった。でも、あの和仁陽が一九点もどこを間違ったんだろう、そう思わせるくらいの秀才だった。

「頭がいい」とはどういうことか。それは「努力の仕方を知っている」ことだ。和仁の努力は尋常ではなかった。とにかくいつ見ても勉強している。昼休みもパンをかじりながら参考書を読んでいた。ガリ勉なんていわれるとイヤかもしれないが、勉強というのは情熱を注ぎ込めばすごいところまで行ける。

和仁は高校時代からドイツ語が読めた。学園祭で上演するドイツ語のオペラを、日本語に翻訳したりしていた。高校の卒業文集に寄せた和仁の文章のタイトルは「ラテン民族における栄光の概念について」。なんのことやら……。

高校三年の一一月に駅で会ったら、和仁は相変わらず本を読んでいる。てっきり参考書かと思いきや、「受験で忙しいときこそ、こういう本を読まないと心の平穏が保てないんだ」と言って見せてくれたのが、英語で書かれたエリザベス一世の伝記。坂本龍馬とかナポレオンだったらまだわかる。高校生の興味の範囲内だ。それがこともあろうに、イギリスの女王様の伝記とは……。

ちなみにエリザベス一世というのはイギリスの歴史上、大変画期的な女王様で、父親がヘンリー八世。ヘンリー八世はとても知的な王様だが奥さんと離婚して死刑にしてしまうような人だったので、そのトラウマから娘は生涯、結婚しなかった。しかしエリザベス一世の時代にイギリスはスペインの無敵艦隊を破って世界の覇権を握り、シェイクスピアなどの文豪を輩出した。

今から考えれば、そんなふうにエリザベス一世の伝記が興味深いことはわかるけれど、なぜそれが「受験で忙しいときの心の平穏」になるのか、普通の高校生にとっては驚き以外の何ものでもない。これもまた、「勉強に情熱を注ぎ込めば、すごいところまで行ける」例の一つだと思う。和仁陽はその後東大に入り、法学者になって、今は東大で教えている。

勉強だけではない。スポーツだって同じこと。優れたアスリートは、生まれつき才能があるのではなく、「努力の仕方を知っている」のだ。

例えば、僕がやっていたNHKの番組「プロフェッショナル仕事の流儀」に出てくれた中澤佑二《なかざわゆうじ》（横浜F・マリノス）。高校時代は並以下の選手だったという。「絶対プロになる」とその頃から宣言していたが、周りからは「お前じゃ無理」と笑われていた。だけど彼はあきらめない。

高校を出てもプロから声がかからないので、ブラジルにサッカー留学した。ところが一年でチームからお払い箱に。そこで彼は何をしたか。母校の高校の先生に頼み込んで、後輩と一緒に練習した。年齢をごまかして出た練習試合でヘディングシュートを決め、たまたま見に来ていたヴェルディ川崎にスカウトされてチャンスをつかんだ。

高校時代の中澤佑二の練習が鬼気迫っていた。夜の九時、一〇時まで帰らない。部活の顧問の先生が「オレも家族があるからそろそろ帰らせてくれ」と泣きつくほど、いつまでもボールを蹴っている。それくらいサッカーに打ち込んでいた。夢中になっていた。周りの友だちも、中澤を遊びに誘っても絶対に来ないから、そのうち誰も誘わなくなった。このへんは和仁陽とまったく同じだ。

では、サッカーの日本代表が四五分間、全力でフィールドを走り回れるような、そういう脳の使い方は、どうすればできるのだろう？

「自分に無理めの課題」を設定してみよう

「ドーパミン」という物質が脳の中にある。これは、何か嬉《うれ》しいことがあったときに出る物資だ。ドーパミンの分泌量が多ければ多いほど、人間は大きな快感と喜びを感じることがわかっている。

脳をうまく使うには、ドーパミンをよく出してあげることが必要だ。それでこのドーパミンは、少し自分には無理かな、と思うくらいのレベルのことに挑戦して、それをクリアできたときに、いちばんよく出る。

今思うと、和仁陽がやっていたのはまさにそれだし、中澤佑二も常にそうしていたのだろう。実は僕自身もそうだった。中学も高校も、入学したてのときはのんびりしていたけれど、いざ発奮して勉強したら、その結果が出て達成感があった。すると、勉強することが嬉しくなる。さらに成果が出る。嬉しいからまた勉強する。そのサイクルを延々と繰り返すようになった。

熱中する対象は勉強でも、スポーツでも、仕事でも、同じことだ。ポイントはただ一つ。「自分で自分に無理めの課題を設定してそれを超える」。

なぜ自分で課題を設定することが大切なのか。親や先生は、よかれと思って「あれやりなさい、これやりなさい」と言う。だが、そうやって押し付けられた課題は、自分の今の実力に合った難易度かどうかわからない。それがわかるのは自分だけだから、自分で自分の課題を設定するしかない。自分にとって、今全力で取り組んだらやっとできるくらいの課題とは何か。それを自分で設定してクリアすると、ドーパミンがいちばんよく出て、快感が大きい。

少し脳の仕組みの話をしよう。人間の脳はドーパミンが分泌されたとき、どんな行動をとったかきちんと覚えていて、ことあるごとにその快感を再現しようとする。そして、もっと効率的にドーパミンを分泌させて快感を得ようとするため、脳の中では「ニューロン」と呼ばれる神経細胞がつなぎかわり、「シナプス」という神経回路のネットワークが新しくできあがる。だから、快感を生み出す行動は「クセ」になって、自発的に繰り返すようになる。そのとき、少し無理めの課題を自分に課して、失敗を繰り返しながらもそれをクリアしていくことで、脳の中に強いシナプスのネットワークがかたちづくられ、やがてその行動が上達していく。これが「強化学習」と呼ばれるメカニズムだ。

ゲームに熱中して快感を得ているときも、ドーパミンが出て、ニューロンがつながかわり、新しいシナプスができあがっている。だからクセになって何回も繰り返し、結果的にスキルアップする。これもまさに強化学習にほかならない。その対象はゲームでも勉強でもスポーツでも、まったく同じこと。

生まれつき英語が苦手、数学が苦手という人はいない。数学の勉強をしてドーパミン

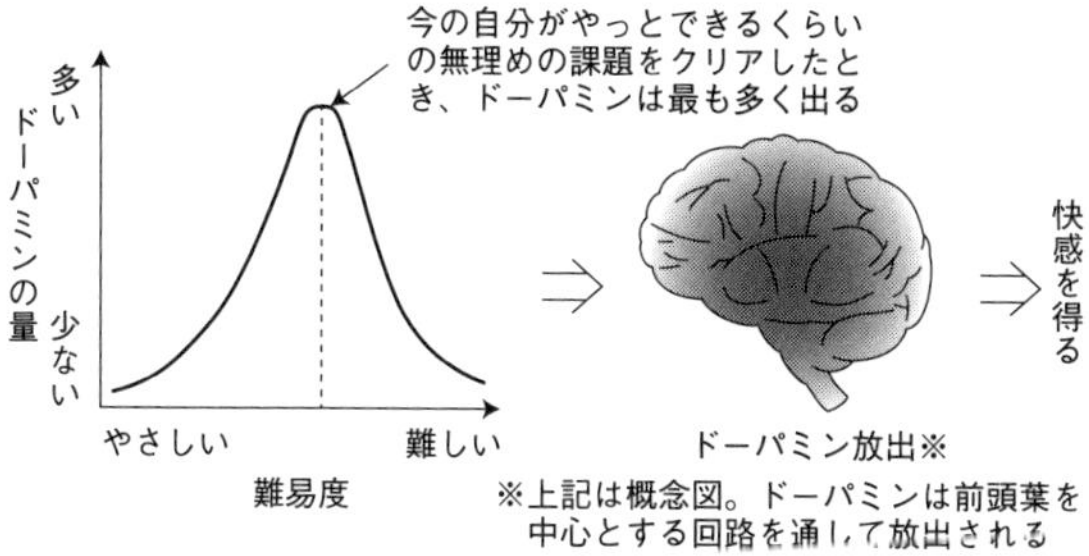

無理めの課題がドーパミンを引き出す

が出ると、数学の問題を解く神経回路のネットワークが強化される。英語の勉強をしてドーパミンが出ると、英語の問題を解く神経回路のネットワークが強化される。こうした強化学習のサイクルを、いかにたくさん回すか。それが「脳をうまく使いこなす」コツだ。

生まれつき頭のいい人も、頭の悪い人もいない。「頭がいい」とは「努力の仕方を知っている」ことだと、先ほど述べた。それを脳科学の言葉で言い換えると「強化学習のサイクルをたくさん回す」ことになる。

そのためには、自分にとって無理めの課題を自分で設定し、それをクリアして喜びを感じる、という経験を日々続けることが大切なのだ。

課題をクリアにするには？　おすすめの勉強法

自分で自分に課題を設定するといっても、具体的にはどうすればいいのか。おすすめの方法がある。「タイムプレッシャー法」と呼んでいるものだ。

簡単にいうと、少し無理めの制限時間を設ける。例えば制限時間六〇分と書いてある練習問題があったら、とりあえずそれは無視。自分で制限時間を設定する。例えば五〇分。そしてやってみる。できなかったら、五五分とか、少し緩めに目標を設定し直して、もう一度チャレンジ。できたとしても、それで満足しない。今度は五分短くして、五〇分にチャレンジしてみる。

そうやって徐々に制限時間を短くして、自分で自分のハードルを上げていく。それを超えていくたびに、脳のドーパミンの分泌が促され、次はもっと短時間で解こうと努力するようになる。こうして身に付くのは高い集中力だ。

くれぐれも言うけれど、他人に強制されて制限時間を設けるのではダメ。あくまでも自分で自分に設定する。それでこそ達成したときの快感が大きく、強化学習のサイクルが回る。イヤイヤやらされていると、やる気が出ないから、当たり前だけれど喜びも快感もない。だからドーパミンも出ない。ドーパミンが出ないから、やっても楽しくない。どんなにがんばっても、苦痛でしかない。

繰り返すが、大切なのはドーパミンによる強化学習のサイクルを回すことだ。この回路さえ回り始めれば、あとは雪だるま式に脳が強化されてくる。

もう一つ大切なことがある。それは絶対に「他人と比較しない」こと。「あの人と比べて自分はダメだなあ……」。そんな劣等感こそ勉強の最大の敵。「勉強ができない」と思っている人の大半は、模試の判定が悪いとか偏差値が低いとか、他人と比較してそう思っている。ドーパミンが出るのは「自分にとっての進歩」があったとき。「誰かと比べて優れていた」ときではない。

自分の中の課題をクリアするという気持ちだけを見つめてほしい。他人がどうであっても、そんなことは関係ない。自分が少しでも進歩していたら、それでいい。どんなに遅くても、着実に進歩していたらドーパミンは出る。

いつも他人と比較して劣等感を抱いていると、そのことをだんだん見ようとしなくなる。避けるようになる。「どうせダメだから……」と、自分が勉強していないことも見えなくなる。試験のときだけ付け焼き刃で勉強して、赤点だけはとらないように、と自分で自分をごまかす。そしてどんどん悪循環に陥っていく。「強化学習」のサイクルとまったく逆のサイクルが回ってしまうのだ。

優れたアスリートは他人と比較しない。一〇〇mを何秒で走れるかは自分の問題であって、他人が何秒で走っていようが、そんなことは眼中にない。「プロフェッショナル仕事の流儀」に出てもらったイチローもそうだった。首位打者争いなどに彼は興味ない。なぜなら、他の選手の打率なんてコントロールできるわけがないから。自分がコントロールできることだけを見つめていればいい。

よく、「何時になったら勉強しよう」「このドラマが終わったら勉強しよう」などと言い訳をしている人がいる。ハッキリいって、それは甘い。

勉強しようと思ったら一秒後にもうトップスピードで集中する。この「瞬間勉強法」が大切。別名「タイガー・ジェット・シン式勉強法」と呼んでいる。といっても、なんだかよくわからないと思うので説明しよう。

タイガー・ジェット・シンというのは一世を風靡《ふうび》した悪役プロレスラーだ。頭にターバンを巻いてサーベルをふりかざし、暴れる。小学校五年生のとき友だちに誘われ、越谷市民体育館にアントニオ猪木VSタイガー・ジェット・シンの試合を見に行った。その友だちが試合前に真顔で「いいか、茂木」と言う。

「タイガー・ジェット・シンだけはいつも本気だから、絶対に目を合わせるなよ。目を合わせるとサーベルで殴りかかってきて、ケガをしたファンが何人もいるから気をつけろ」。だから怖くてほんとうに目を合わせないようにしていた。

プロレスの試合というのは普通、最初に和服を着た女性が選手に花束を贈呈し、赤コーナー誰々、青コーナー誰々とリングアナウンサーの紹介があって始まる。でも、タイガー・ジェット・シンはそんなの無視。アントニオ猪木が花束を受け取っている隙にサーベルで殴りかかる。いきなり場外乱闘。パイプ椅子を持ち上げてシンが殴りかかる。まわりの観戦客はクモの子を散らしたように逃げる。猪木が反撃する。パイプ椅子がなぎ倒される。上からスポットライトが当たる。リングアナは煽《あお》るように「お気をつけください！」と絶叫する。観客はもう大興奮。暗闇の中で猪木とシンが、くんずほぐれつ襲い来る気配を感じながら逃げ回るのが、最高の素晴らしいエンターテインメントだった。

しばらくたって、やっとゴングが鳴る。リングアナが「ただいま試合開始です」。当時はとても不思議だった。試合開始って、じゃあ今までの乱暴狼藉《ろうぜき》は何だったのか。反則負けじゃないのか。でも、それでいいことになってしまう。

実はタイガー・ジェット・シンは、カナダで大実業家として成功している人でもある。だからすごく頭のいい人。インタビューなどを読むとよくわかる。ところが試合になると突然、性格が変わって凶暴になる。いや、そうではない。「花束贈呈」のような退屈な前段の儀式を省略して、いきなり相手に挑みかかるプレイスタイルこそ彼の哲学を表している。小学校五年生の僕はそれに気づくことはできなかった。けれども今ならわかる。プロレスのお客さんは花束贈呈なんか見に来ているのではない。手に汗にぎって興奮する壮絶な戦いを一秒でも長く見ていたい。そのことを彼は、ちゃんとわかっていたのだ。

つまり、余計なことを省略して、やるとなったら一秒後から実質に入る。それが「タイガー・ジェット・シン式勉強法」だ。「九時になったら勉強しよう」「あと三〇分ゲームをやったら勉強しよう」――そんな「自分への花束贈呈」みたいな儀式は即刻中止して、思い立ったらすぐ机に向かおう。

一年間の苦労が水の泡でも「情熱」を失わない福沢諭吉

タイムプレッシャー法も、タイガー・ジェット・シン式勉強法も、決してラクではない。ラクではないけれど、苦労の大きさに比例して、達成したあとの快感も大きい。だからドーパミンが出て、強化学習のサイクルが回る。

でも、その苦労を支えているのはなんだろう？　それが「情熱」だ。

福沢諭吉という人がいた。慶応義塾大学の創設者で、その顔は一万円札を見ればわかる。彼は幕末に緒方洪庵《おがたこうあん》が開いた「適塾」で勉強した。ある日、風邪をひいたから寝ようと思って枕を探したが、どこにもない。そのときハッと気づく。もう一年くらい枕を使って寝たことがなかった、と。勉強しているうち、いつのまにかそのままゴロンと横になって床に寝ていた。起きるとまた机に向かう。そのくらい、寝ては覚め、寝ては覚めの猛勉強を繰り返していた。

福沢諭吉がそんなに猛勉強していたのは「蘭学《らんがく》」といって、オランダ語。横浜に外国人居留地ができたと聞いて、オランダ語の知識を試してみようと、出かけて行った。ところが街の看板を見ても、何が書いてあるのかさっぱりわからない。聞けば、どうやらそれは英語というものらしい。今や世界では、オランダ語ではなく英語が大事になっている、とそのとき初めて福沢諭吉は知ったのだ。

一年間、枕を使って寝たことがないほどの猛勉強をして、それがある日突然、まったく役に立たないことがわかる。そのダメージたるや、大変なもの。福沢諭吉も当然、落ち込んだ。

しかし、立ち直るのも早かった。翌日には気を取り直して英語の勉強を始めたという。まさしく学問への「情熱」が為《な》せる業だ。

福沢諭吉のことを考えたら、受験や就職に失敗するなんて、ちっともたいしたことじゃない。情熱さえあれば簡単に乗り越えられる。

「情熱」を英語で〝passion〟というが、別の意味もある。それは「受難」。苦労する、ひどい目にあうこと。キリストが十字架にかけられた。あれがパッション。バッハの有名な『マタイ受難曲』の原題が〝Matthäus-Passion〟（マシューーズ＝パッション）。情熱とは苦労することから生まれる。

白洲次郎の「情熱」も『苦労』に支えられていた

今、白洲次郎という人が改めて注目されている。戦後すぐ、日本がアメリカの統治下にあったころ、吉田茂首相の側近として貿易庁（現在の経済産業省）長官を務め、米軍の占領機関であるＧＨＱ（General Headquarters）と対等に渡り合った人物だ。白洲次郎はイギリスのケンブリッジ大学に留学し、英語がペラペラだった。あまりにも上手なので、ＧＨＱのホイットニーという人が「英語うまいですね」と言ったら、白洲次郎はなんと答えたか。「あなたももっと努力すれば私のようになれますよ」とアメリカ人に向かって言い返した。圧倒的に立場の強い相手に対しても決してぺこぺこせず、正しいと思ったことは主張し、言うべきことは断固として言う。こういう日本人は、当時も今も珍しい。

白洲次郎という人は実業家だったが、昭和一五（一九四〇）年、事業をすべてなげうって古い農家を購入し、そこを「武相荘《ぶあいそう》」と名づけて農業にいそしんだ。戦争に突入していく世相の中、日本の敗戦を予期したからだ。ところが戦後、吉田茂に頼まれてGHQとの交渉役を果たし、そこで先の発言が出てくる。こういう生き方もある、ということを覚えておいてほしい。

白洲次郎がなぜ人気があるのかというと、今の日本人にないまぶしさと情熱があるから。なぜそんなに情熱があったのかといえば、それはもう、苦労したから以外の何ものでもない。「苦労は買ってでもせよ」と昔からことわざにいうのは、ゆくゆくは自分のためになるからなのだ。

学ぶ喜びは、脳が感じる喜びの中で最も深い

勉強に苦労する。何のために苦労するのか？　いい大学に入るため？　そうじゃない。大学入試などで人間の価値は決まらない。肝心なのは、大学に入ってから後のことだ。

大学で何を勉強するか。社会に出て何を身につけるか。いい大学に入って、いい会社に就職すれば将来は保証される——もう、そんな時代ではない。一生、勉強し続けなければ、先はないと思ったほうがいい。

もちろん、がんばって志望校に合格することは大切だ。でも、それがゴールだとはくれぐれも思わないでほしい。クリアすべき第一関門でしかない。だから逆にいえば、その程度のことはとりあえずクリアしてほしい。

もう一つ、ぜひ言っておきたいのは、君たちの世代で「文系」「理系」という言葉を死語にしてほしい。僕は理学部を出た後に法学部に学士入学した。だから文系も理系も両方やった。大学四年間は、文系・理系どちらかを選んで勉強したってかまわない。でもそれは、たった四年間の話だ。

むしろ、最先端の学問であればあるほど、文系・理系なんて分け隔ては意味がない。脳科学を研究するには音楽のこともわからなければいけないし、哲学だってもはや脳科学を無視して研究することはできないだろう。

この世界を理解するのに文系も理系もない。そんなのは、便宜的に設けられた壁にすぎない。ましてや、大学を卒業して一〇年もたって、「私は文系ですから」「理系ですから」なんて言い訳しているのは、ちゃんちゃらおかしい。

学ぶことは苦労であると同時に喜びでもある。そして学ぶ喜びは、脳が感じる喜びの中で、最も深い喜びなのだ。だからドーパミンがたくさん出る。

脳のうまい使い方とは、できるだけドーパミンを出すこと。どうすればいいか。自分にとって無理めの課題を設定して、それをクリアすること。劣等感は持たない。模試の判定や偏差値は、他人と比較するための物差しではなく、自分の進歩の目安として使う。そして情熱を持って苦労する。

それさえ忘れなければ、未来は明るい。今この国に足りないもの、それは理想と情熱だ。だから危機を乗り越えられない。この国にはしょせん、オバマ大統領みたいな人は出ない、と諦めてはいないだろうか。そんなことはない。

理想と情熱さえあれば、政治家だろうが、企業家だろうが、科学者だろうが、小説家だろうが、素晴らしい人物に絶対なれる。理想も情熱もなくしてしまった、だらしない大人たちに任せておくことはない。ぜひ、はちきれんばかりの理想と情熱をもって、君たちがこれからの世界を切り開いていってほしい。

◎若い人たちへの読書案内

本は、たくさん読んだ方がいい。しかも、これからの時代は、日本語の本だけでなく、英語の本も。しかし、ここで、大切なことがある。

それは、「何がオススメですか？」と聞く人は、たいてい、あまり本を読む人ではないということだ。本は出会うものであり、人に勧められるものではない。だから、この、読書案内という文章は、本質的に矛盾している。

それぞれの人に、それぞれの本との出会いがあっていい。本との出会いを、他人任せにしてはいけない。そのことを断った上で、ぼくの、本との出会いについて書いてみようと思う。

まず印象的な出会いは、小学校五年生の時の『**赤毛のアン**』である。**モンゴメリ**作、**村岡花子**訳。図書館で、背表紙が、光って、呼んでいるように見えた。夢中になって、シリーズを全部読んだ。

中学校の時に読んで印象的だったのは、**パール・バック**の『**大地**』。中国を舞台に、大河ドラマのような人々の群像がある。これは、読書感想文を書いて、先生に褒められた、という意味でも記憶に残る。

高校の時には、音楽評論家の吉田秀和さんが「人生で印象に残るこの一冊」と振り返っていた、ニーチェの『**悲劇の誕生**』を読んだのが強く印象に残っている。ニーチェという人は、「まともな学者」として評価されていたのが、この一冊で悪い評判が立って授業に学生が誰も来なくなってしまった。しかし、思想家としての歩みは、そこから始まる。そのあたりも、本当に面白いと思った。

最後の一冊は、吉田秀和さんに「勧められて」読んだようなものではないかというかもしれないが、もちろん、そんな出会いがあってもいい。強調したいのは、本に対する野生の嗅覚のようなものである。本選びを人任せにする人は、絶対に成長できない。これだけは断言しておく。

君たちの本との出会いの機会は、いろいろなところにあるだろう。本屋さんや、図書館、友人との会話。そんな中で、「あっ、その本面白そうだな」と思ったら、そちらの方に行けばいい。ジャングルで、あちらの方においしそうなフルーツがありそうだ、という原始的な感覚と、同じことだ。

感覚を研ぎ澄まし、いわば野生動物のように、あの本、この本と渡り歩くようでないといけない。だから、「どんな本がオススメですか」と他人に聞く癖がある人は、ぜひそういうことはやめて、自分自身の原始感覚を磨くようにして欲しいと思う。

本をたくさん読むと、それだけ広い世界が見える。読んだ本を積み上げた、それだけの高さから世界が見える。一〇〇冊なら一〇〇冊の高さ、一〇〇〇冊なら一〇〇〇冊の高さから、遠くまで見渡せる。

だから、自分の足場を高くすると思って、本はたくさん読んだ方がいい。ジャンルが偏ると、足場も怪しくなるから、できるだけ多くの分野の本を、まんべんなく読むのが良いのである。

※編集部注——文中の本は、以下で読むことができます。
『赤毛のアン』（講談社青い鳥文庫、新潮文庫など）
『大地』（岩波文庫、新潮文庫など）
『悲劇の誕生』（ちくま学芸文庫、岩波文庫など）

生物学を学ぶ意味

本川達雄

もとかわ・たつお

一九四八年宮城県仙台市生まれ。東京大学理学部生物学科（動物学）卒業後、東京大学助手、琉球《りゅうきゅう》大学助教授などを経て、一九九一年東京工業大学教授、二〇一四年より同学名誉教授。専門は生物学。棘皮《きょくひ》動物（ナマコ、ウニ、ヒトデ、ウミユリ）の硬さの変わる結合組織の研究や、サイズの生物学を研究。主な著書に『ゾウの時間ネズミの時間』『「長生き」が地球を滅ぼす』『ナマコガイドブック』『ゾウの時間ネズミの時間～歌う生物学（CD）』などがある。

自分自身を知るために

自分で言ってしまうけれど、私は世界一のナマコ研究家だ……などと自慢しても、実は世界に一〇人くらいしかナマコの研究者はいない。ナマコなど研究していると、よくこう聞かれる。「そんなもの研究してなんの意味があるの？」と。まさにおっしゃるとおり。私が研究しているのは食べるナマコではないし、ナマコの研究者がいなくなっても、私も君たちも、そして世の中も、そんなには困らない。

でも、やっぱり世界に一〇人くらいはナマコ研究家がいなくてはならない。ナマコは生物。私も生物、君たちも生物。生物を知るためにはほかの生物も知らなければいけない。「皆さんもぜひ生物学者になろう！」などとは言わないが、生物学を学ぶ意味はもちろんある。

君たちは今いろいろな科目を習っている。けれど、それが将来なんの役に立つのか？なんて考えたら、直接は役に立たないかもしれないし、数学者にならないから数学は勉強しない、と開き直る人もいるだろう。しかし「数」という概念はとても重要なものだ。

例えば、人間は一人ひとり個性が異なるかけがえのない存在だが、数えるとあなたと君と私で「三人」となる。だから手は六本。「三」を普遍的に考えると3×2＝6という数式が成り立ち、それに則っていろいろなことを考えることができる。手が二本と六本とでは、やれることに違いが出てくる。数式化できれば、とても便利で、リンゴが落ちるのも、月が地球の周りを回るのも、同じように抽象化して考えて、ニュートンの運動方程式に則って計算できるのだ。計算できるからこそ、りっぱな建物が建てられるし、ロケットを打ち上げることもできる。

お米も牛乳も鉛筆もまったく異なる物質だけれど、お金＝貨幣で買うことができる。鉛筆が一本一〇〇円、お米が一〇キロで三〇〇〇円と値段を付ければ、お金という抽象的なもので交換が利く。そうでなければ経済学が成り立たない。「万物は数である」と言ったのは古代ギリシャの哲学者ピタゴラスだが、すべてを抽象的な数で考えたからこそ、貨幣経済が可能になったのだ。君たちがお金を出してものを買うことの背景には数学がある。今の社会でまともな人間として生きるには数学を勉強しなければならない理由はここにある。

同じように、君たちがまともな生き物として生きていくには生物学を学ばなければならない。自分自身を知るには、生物について勉強しなければいけないのだ。

学問は「脳みそのパン」である

なぜ勉強するのか？　という問いに対して、ギリシャの偉大な哲学者であり生物学者の祖でもあるアリストテレスは「三つの知識」を考えた。①生活の必要のための知（実用の知）、②快楽のための知、③学問的（理論的）な知である。

「生活の必要のための知」とは、交通ルールを知らなければ自動車にひかれてしまうし、稲の生態や天候、そして水をどう引いてくるかという土木の知識がなければお米をつくることもできない。お金を稼ぐにはなんらかの専門家にならなければいけないが、そのためには勉強しなければならない。これらはすべて生活に必要な、実用の知だ。

また、勉強は「快楽」につながるものでもある。スポーツを楽しむにはルールを学ぶことが必要だ。さらに、現代社会のさまざまな技術は、よりおいしく、より便利に、より快適に、という私たちの快楽に奉仕するものでもある。

そして、アリストテレスが「高貴なる知」と呼ぶ「学問的な知」がある。アリストテレスの著書『形而上学《けいじじょうがく》』の冒頭には「すべての人は生まれながらにして知ることを欲する」と記されている。知ることは楽しみなんですね。知ることは安心への道でもある。自分がこの世の中でどういう位置を占めているのかを知ると安心できるが、逆に知らなければ不安が募る。知る楽しさをもとに、世界を知り、自分自身を知り、それによって世界の中での自分の位置を知る。これが学問の楽しさだ。

では次に、なぜ生物学を含む科学を学ぶ必要があるのかをわかりやすく説明しよう。

私たちが生きていくためには、三つのパンが必要だと私は思っている。「体のパン」「心のパン」「脳のパン」だ。

聖書に「人はパンのみにて生きるにあらず」という有名な言葉がある。パンを供給するための農学や経済学などを実学と呼ぶ。これが「体のパン」である。

しかし、私たちはパンがなければ生きていけないが、それだけでは満たされない。体だけでなく、心にもパンを与えなければ心が干からびてしまうだろう。そこで宗教や芸術といったものが「心のパン」に当たる。

三つめの「脳のパン」が理学部や文学部で行う学問だ。私たちの生活を便利にするためでもなく、たくさん食べ物をつくるためでもない。例えば、食べられないナマコを研究していてもあまり役に立たないが、このような学問を「虚学」という。

虚しい学問なんてひどい呼び方だが、なぜこんな生き物が存在するのかを研究したりして、世のさまざまな物事について知ることは、すなわち自分の世界を広げることになる。これによって脳みそが快感を覚えるのだ。

虚学とは霞《かすみ》を食って生きる学問である、と常々私は公言しているが、ほんとうに虚学なんかやっていてもお金はなかなか稼げない。しかし、霞がなければ脳みそは枯れてしまう。君たちだって生きることとは関係なくても、音楽が聴きたくなったり、絵画を見たくなったりするだろう。それが人間という存在だ。

理科なんて将来の自分の職業に関係ないから……なんて思ったら脳みそが偏った人間になってしまう。君たちは成長期なのだから食べ物と同様に偏食せず、いろいろな勉強をすべきだ。

間違いだらけの職業選び

さて、君たちが勉強する大きな目標の一つは、仕事に就いてお金を稼いで生きていくためだろう。では、将来どんな仕事に就いたらいいのか。

最近は「自分の好きなことを仕事にしなさい」という風潮だが、これはいかがなものかと私は思う。

例えば、ベストセラーになったローティーンのための職業案内書を見ると、「これが好きな人にはこんな職業があるよ」という構成になっている。好きなことといえば「僕はサッカーが好き」「僕は野球が好き」「私は歌うのが好き」となるだろう。しかし、みんながプロ選手や歌手になれるか？　一〇〇人いても確率はほとんどゼロ。誰一人、本《ほん》田《だ》圭佑《けいすけ》にもイチローにも浜崎あゆみにもなれない。これは至極当然なことだ。

とすると、みんなが自分の好きなことを職業にしようとしたら、世の中は挫折した人間であふれてしまう。「私は好きなことができなかった。私の人生は挫折の人生だ……」と鬱々とした人生を過ごすことになる。もしも君たちが「自分の好きなことを仕事にしなさい」という指導を受けたなら、「この人は私を不幸にしようとしている」と考えたほうがよろしい。

だから、職業を選ぶ際は「好きなことをする」ではなく「世の中で大切なことをする」と考えたほうがよい。特別に好きではないけれど嫌いではない、これだったら私は結構やれるし、それなりに社会の役に立っているなあ、と思えるものを見つけていくことが、現実的な職業選びだと私は考える。

君たちはこれから大人になっていく。大人になるということは自分で食べていくということ。子どもの頃は親のおかげで、好きなことや好きなものだけとつき合っていられたかもしれないが、世の中に出たらそうはいかない。嫌いな人、嫌なことはたくさんある。そういうものときちんとつき合っていけることが大人になるということだ。

大人になることのもう一つの大きな意義は、生殖活動ができること。「セックスができる」ではなく「子どもを産む」ことだ。つまり次世代をつくること。これは大人の果たすべき責任の一つだ。

では、生殖活動の意味について、生物の時間の話から考えていこう。

ハツカネズミ	0.1 秒
ネコ	0.3
ヒト	1
ウマ	2
ゾウ	3
クジラ	9

図 1　動物の心臓 1 拍の時間

時間は一つだと思っていないか？

時間とは時計で計るものと、一般的には考えられている。時間という共通のベルトコンベアーに乗って皆同じように流されている……というイメージだ。これは古典物理学的な時間観、ニュートンの「絶対時間」という考え方にのっとっている。時間は万物共通のもので、人間もネズミもゾウもすべて同じように時間が流れていると。

しかし、ほんとうにそうだろうか？

私たちが時間と感じているものは、日が昇り、そして暮れていく明るさだけ。決して時間そのものを感じているわけではない。私たちが乗っているはずの共通のベルトコンベアーを取り出して見せてくれ、といっても誰も出せない。ということは、唯一絶対と思われている時間にも、別の見方があるのだ。

例えば、時間が刻々とたつことを体感できるのは心臓の拍動だろう。私たち人間の心臓は、安静時に一分間で六〇～七〇回拍動する。規則正しく打っているが、動物は皆同

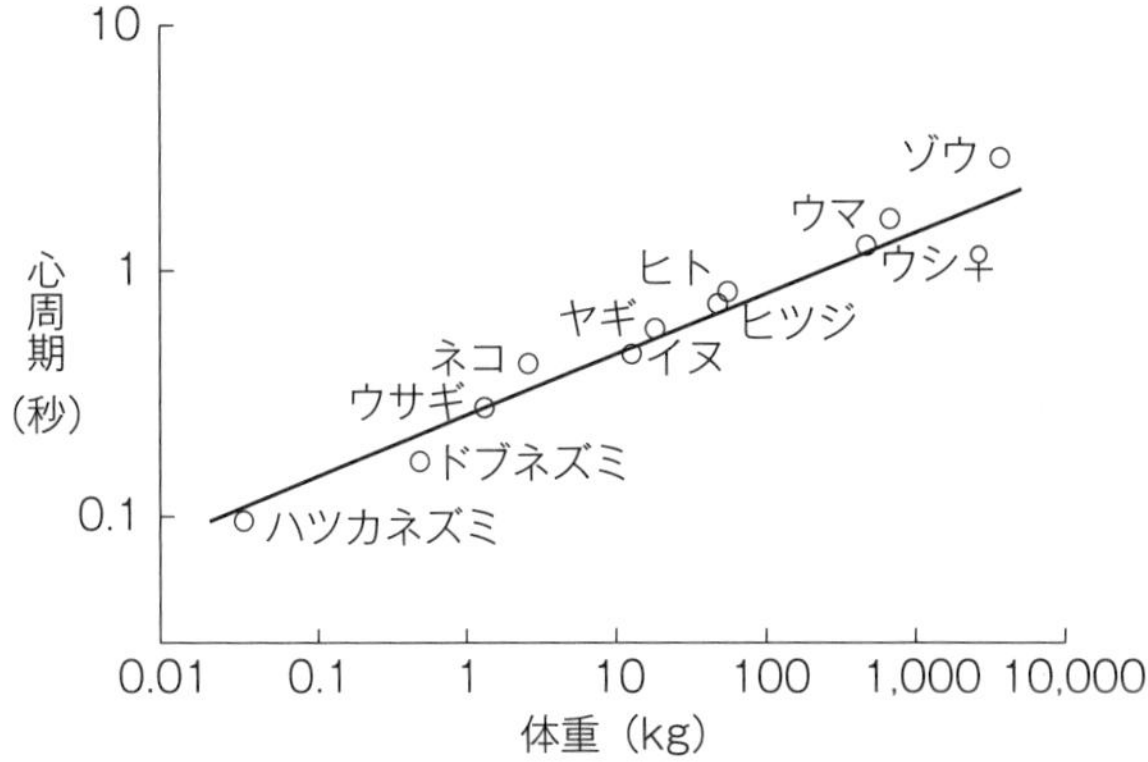

図2　心臓の時間は体重の1/4乗に比例する

じ拍動かというと実はそうではない。

ハツカネズミのような小さな動物の心臓は一分間に七〇〇回拍動する。心臓一拍の時間は約〇・一秒だ。そしてネコは〇・三秒、ヒトは一秒、ウマは二秒、ゾウは三秒、クジラは九秒。体が大きくなればなるほど、心臓一拍の時間は長くなっていく（図1）。

図2を見てほしい。縦軸は心臓が一回ドキンとする拍動の時間だ。この軸の取り方は対数目盛で、一目盛増えると一〇倍になる。横軸も同様。こういったグラフを両対数グラフというが、ここにネズミやネコ、ヒトの点を記していくと、一つの直線にほぼ乗ってくる。両対数グラフで直線になるということは、べき乗の式、つまり

心臓一回のドキンの時間は体重の四分の一乗に比例するという関係式になる。つまり体重が増えていくにしたがって、心臓の一回のドキンの時間が長くなるわけだ。体重が一〇倍になると時間がおよそ二倍長くなり、さらに一〇倍重くなると二倍長くなる（図2）。

ゾウの時間・ネズミの時間

これは心臓だけではない。例えば呼吸の一回の時間、そして腸がジワジワーと動く一回の蠕動《ぜんどう》の時間もそうなっているし、寿命という時間も実はそうなのだ。大きい動物のほうが長生きする。ゾウの寿命は七〇年くらいあるが、ハツカネズミは三年未満。寿命も体の大きさで決まる。そしておもしろいことに、寿命も体重の四分の一乗にだいたい比例するのだ。

体の小さなハツカネズミは、心臓が早く動いてすぐに大きくなって子どもを産んでパッと死んでしまう。しかし、ゾウは心臓もゆっくり、呼吸もゆっくり、成長もゆっくりでとても長生きする。そうすると、ゾウの時間とネズミの時間は違う、と考えていい。

七〇年かけて生きる生き方と、二年程度で終わってしまう生き方は、まったく異質なものだろう。時間の軸が違うとは、すなわち世界が違うということだ。

地球にはいろんな生物が棲《す》んでいるけれど、時間軸が違うとすれば、それぞれの生き物がそれぞれの生き方を持っていると考えていい。私たちの時間軸でハツカネズミを見たら、「あんなのはすぐに死んでイヤだ」となる。しかし、別な見方ができる。その動物の心臓がドキンとする「心臓時計」で計ると、例えば呼吸は心臓時計四回分、つまり私たち人間が一呼吸する間に心臓は四回打っていて、それはハツカネズミもゾウも同じ。ベースとなる心臓時計が異なっても、一呼吸する間に心臓が四回打つというのは変わらないわけだ。

腸が一回ジワジワーと動く間に心臓は一一回打つ。血液が体内を一巡して心臓まで戻ってくる間に心臓は八〇回打つ。それはハツカネズミもゾウも人間もみんな同じ。親の心臓が二三〇〇万回打つと子どもが生まれてきて、心臓が一五億回打つとみんな死んでいく。七〇年生きるゾウも、二年くらいで死ぬハツカネズミも、心臓の打つ回数は一五億回、呼吸の回数も三億回で同じ。同じことを二年で凝縮してやるか、七〇年かけるか

心臓だけではない
（呼吸、蠕動、寿命、その他なんでも）
小さな動物は早い・短い
大きい動物はゆっくり・長い
→ゾウの時間・ネズミの時間
ただし「心臓時計」で表すと

呼吸	4回
腸の蠕動	11
血液が体内を一巡	80
懐胎期間	2,300万
寿命	15億

図3　時間の多様性と共通性

で生き方はだいぶ違うはずだ（図3）。

みんな時間が違うという目で生物を見ると、生物のことがさらによく理解できるようになる。今までとは違ったものの見方で世界を見つめられるのだ。これが虚学という学問のおもしろさだ。

それがわかったからといってお腹がふくれるわけではないけれど、脳みそはとても喜ぶ。そして、その知識は君たちの生き方を左右する要素にもなるのだ。

物理学と生物学の時間の違い

君たちは「一生なんてどうせ一回きりだ」と思っているかもしれないが、「生物の時間は繰り返す」と考えてみたらどうだろう。

生物の時間とは、心臓がドキドキ打つ、呼吸を繰り返すといった「繰り返しの時間」

だ。個体の寿命とは、親が生まれて死んで、子が生まれて死んで、孫が生まれて死ぬという世代交代の時間である。同じ状況に繰り返し戻るから、回っていると言ってもいい。生物の時間は「一回転の時間」なのだ。それに対してまっすぐ流れていくのが物理の時間だ。

時間は回るのか、それともまっすぐか？　昔から人間は二つの見方を持っていた。時間が回ると考える民族はマヤや古代ギリシャ、インドがある。日本もやはり回る時間の中で生きていた。

それに対して直線的な時間観を持つ代表的な存在はキリスト教徒。キリスト教では、神様がこの世をつくったときから世の終末まで一直線に、ゾウがいようがネズミがいようが関係なく、神様の時間が流れていく。この時間の見方がニュートンを介して古典物理学に入っていった。ニュートン力学においては、時間はまっすぐ進むが、過去から未来へ進もうと、未来から過去へ進もうと、力学としては成り立つ。だがニュートンは、絶対時間は一方向にのみ進むと考えた。これは彼のキリスト教への信仰がそう言わせているのである。科学とは西洋近代という文化がつくり出したものであり、それはキリスト教の強い影響を受けているものだ。そういうことも民俗学などさまざまな勉強をするとわかってくる。

生物の時間は回り続けるもの

では、なぜ生物の時間は回ると私が考えるのか。

地球の歴史は四六億年、生命の歴史は三八億年と言われている。地球ができて間もない頃からずっと生物は絶滅することなく続いている。だから生物は続くようにできている、回って続いていくのが生物なのだと考えてよいと思う。

私たちの体は非常に複雑にできている精密な構造物だ。これをどうすれば維持できる？　例えば、永遠に建ち続けられる建物はどう建てたらいい？

一番簡単なのは、絶対に壊れない建物をつくること。しかしこれは不可能だ。かたちあるものはときがたてば絶対に壊れる。物理学には熱力学の第二法則というものがあり、ときがたてば秩序あるものは必ず無秩序になっていくのだ。永遠に続く建物は、絶対に壊れないようにするというやり方では建てられない。

壊れてきたら直せばいいという考えもある。現存する世界文化遺産は大抵そういうふうにしている。法隆寺がそうだが、新しい部分と古い部分がごっちゃになっているのだから、腫《は》れ物に触るようにして、遺産というかたちで保存するしかない。現役でバリバリ働けるというものでもない。

では、働き続けられる建物をどうすれば建てられるのか？　その答えは伊勢神宮だ。伊勢神宮は式年遷宮といって二〇年ごとにまったく同じものを建て替えてしまう。持統天皇以来、一三〇〇年続いているが、今も現役で機能している。これほど長い年月機能し続ける建物は世界でほかにない。まったく同じものを建て替えて続けていくというやり方は、とても賢い方法だ。

しかし、伊勢神宮は世界文化遺産に指定されない。なぜなら、西洋人いわく「これはたかだか一五年しかたっていないから」。けれども、日本人の感覚からすれば「回っているから一〇〇〇年続いているのだ」となる。これは時間に対する見方の違いだと思う。そして、生物は伊勢神宮方式だ。

生物は現役で働いている。体は使っていれば擦り切れるものだから、年を経るとうまく働かなくなるし、治しても支障が出てくる。だったらアンチエイジングとかなんとか言ってじたばたせず、古くなったらさっさと捨てて、まったく同じ新しいものをつくればいい。それが「子どもをつくる」ということなのだ。そうして世代交代しながら人類は五〇〇万年続いているし、生物全体としては三八億年続いている。

私たちは永遠に生きることはできないけれど、子どもというかたちで自分とそっくり同じ私を次の世代につくることはできる。子どもは私、孫は私。そうやってずっと続いていくのが生物というものなのだ。

もちろん、子どもをつくるとき、つまり時間を元に戻してリセットするときには大きなエネルギーがいる。速く回れば回るほどエネルギーを使うので、時間の速度とエネルギー消費量は比例関係になる。これは世代交代に限った話ではない。筋肉の収縮をはじめとして体の中のいろんな生体反応においては、働けば壊れるから、エネルギーを注ぎ込んで治してまた働くようにしている。生物の時間は回るものなのだ。

時間をまっすぐ進むものと考えれば、私たちの一生は一回きりだ。とすれば「死んだら後は知らない」という感覚になる。つまり、今の私がよければ、次世代の私が赤字国債で苦しもうが地球環境が悪くなって苦しもうとも「知ったこっちゃない」となる。しかし、実は子どもというかたちで私が残り、孫というかたちで私が残る。生物はずっと続いていくのだ。

残念ながら、そういう感覚が今の日本人からは抜け落ちてしまっている。

科学とは世界の見方を提供するもの

では、次世代のことについて話そう。ただし、これは生物学者としての発言である。誤解しないで聞いてほしい。

子どもは私である、孫は私である。そう考えると、子どもを産める条件を備えていながら子どもをつくらないという選択は、生物学的には自殺に当たる（もちろん、子どもを産めないから人間として価値がないということではない。人間はいろんなかたちで次世代のための価値をつくり出すことができるからだ）。生物としての基本は次世代の私をつくること。それがすなわち大人になるということだ。

ところが、最近はみんな大人にならない、なりたがらない。次世代をつくらず、自分の好きなことだけをしている。「子どものままでずーっといたい」と望む人が増えている現代社会は、極めて未成熟な危うい社会と言える。

何をどうしたって私たちはやっぱり死ぬ。死ぬと虚しいから、どこかに永遠がないと心が落ち着かない。人間とはそういうものだ。だから天国の永遠を考えて宗教を生み出した。けれども生命そのものが「この世の永遠」なのだ。子ども、そして孫というかたちでこの世に、永遠に私が生き残っていく。これが生物。生物学はこういう見方を提供してくれる。だから生物学を勉強すると永遠が得られる。心が落ち着くのだ。

今の日本人には永遠という発想がない。古代の日本人は、仏教であの世の永遠を保障し、神道でこの世の永遠を保障し、両方の永遠で安心して生きていた。神様の前で結婚式を挙げる。結婚はこの世の永遠を保障するものだから神道なのだ。お坊さんを呼んで葬式を営む。仏教はあの世の永遠を保障するものだからお坊さんなのだ。西洋人からは「日本人は二つの宗教を股にかけている節操のない民族だ」と言われるが、私はそう思わない。日本人は実に賢く永遠とつき合ってきたのだ。

生物学だけを勉強していたらこういう発想はできない。私はいろんな分野の学問を勉強するうちに、この結論にたどり着いた。脳みそにとって、これはかなりの快感だ。そのうえ私自身が安心して生きて、死んでいける。今の日本人は安心して死んでいくことができない。君たちは精一杯生きて安心して死んでいけるような人生を送らなければならないし、そのためにはものの見方を身につけなければならない。だから学問が必要なのだ。

私のような科学者が世の中の価値観に対して物申すのは越権行為だと見る風潮がある。しかし、これは間違いだと思う。科学という行為そのものが一つの価値観であり、貨幣経済はまさに科学を下敷きにしているものだ。生物学というお金儲《もう》けにはつながらないが「脳みそのパン」となる学問をしていることで、私たちの生活がどうなっているのか、今の生き方はこれでいいのか、という世の中とは異なった見方、世界観をつかむことができるのだ。これこそが学問なのだと思う。私はみんなに少しでも良いパン、おいしい脳みそのパンを提供したいと思っている。

高校生以上の勉強は義務教育ではない。君たちのうち、一人でも多くの人が誇りを持って、自ら学問をしていこうと考えてくれたら、私はとても嬉しい。

＊

『生命《いのち》はめぐる』　作詞・作曲　本川達雄

日は昇り　日は沈み　また朝が来て　夜となる
月は満ち　月は欠け　月はまた　丸く輝く
月日はめぐる　月日はめぐる　めぐる月日の中で
私は　私は　生きてゆく

心臓は　休まずうち　肺は　呼吸を繰り返す
クエン酸回路はまわり　サーカディアン・リズムは続く
血潮はめぐる　生理はめぐる　めぐるリズムの中で
私は　私は　生きてゆく

人は生まれ　大きく育ち　愛しあい　子どもをつくる
そして老い　死にゆくとき　子どもへと　希望をたくす
生命はめぐる　親から子へと　めぐる命の中で
私は　私は　生き続ける

生命はめぐる

本川達雄

ひはのぼりひはしずみまた
しんぞうはやすまずうちまい
ひとはうまれおおきくそだちあい
あさがきてよるとなるつきはみちつき
はこきゅうをくりかえすクエンさんかい
しあいこどもをつくるそしておいし
はかけつきはまたまるくかがやく
ろはまわりサーカディアンリズムはつづく
ゆくときこどもへとのぞみをたく
くつきひはめぐるつきひはめぐるめぐ
くちしおはめぐるせいりはめぐるめぐ
すいのちはめぐるおやからこへとめぐ
るつきひのなかでわたしはわたしは
るリズムのなかでわたしはわたしは
るいのちのなかでわたしはわたしは
いきてゆく
いきてゆく
いきつづける

◎若い人たちへの読書案内

高校時代に読んで、その後、大いに役に立った本をあげる。

プラトン『ソクラテスの弁明』／田中美知太郎訳（新潮文庫、中公クラシックスなど）

対話をしながら、一歩一歩論を進めていくソクラテスのやり方に、えらく感じ入り、その田中美知太郎訳の口調をまねしました。自分でテーマを設定し、ソクラテスだったらどう言うかなと想像し、対話相手のせりふも考え、それらをぶつぶつ言いながら歩いているのですから、まことに変人奇人。とてもお勧めはできませんが、これは論理的な文章を書いたり、論理的にしゃべったりする上で、じつによい訓練になりました。

小西甚一『古文研究法』（洛陽社）

きわめて高級な受験参考書。これで古典の読み方を教わりました。後年、小西先生にお目にかかる機会がありましたが、今では受験生には難しすぎ、先生方の参考書として使われているそうです。

受験時代は広い分野にわたって真剣に勉強します。そんなことをするのは、この時だけでしょう。だからこそ、本書のような一生ものの知識・考え方を与えてくれる受験参考書は貴重です。この本のおかげで、折りにふれて古典をひもとく癖がつき、また、自分でも高校の教科書や受験参考書を書かねばならぬという気になったのでした。

Good News for Modern Man (American Bible Society)

英語が母語でない人向けの英語の聖書。英語とキリスト教の勉強のつもりで読みました。英語の教科書も、副読本として与えられたものも、辞書を引きひき、これが目的語、これからこまでが that clause などと、文法を解析しながらしか読み進めなかったのですが、これはすらすら読めました。快感でしたね。これ以降の経験からしても、英語は易しいものをたくさん読むのがよいと思います。

大学・大学院時代はキリスト教関係の寮で過ごし、聖書と関連書籍はよく読みました。クリスチャンにはなりませんでしたが、これは得難い経験でしたね。西欧を理解するにはキリスト教は是非とも知らねばなりません。そして今の社会は西欧が作ったものですから、この社会を理解するのにもキリスト教の理解がどうしても必要です。

自然科学も例外ではありません。科学は真理を追究するものですが、その真理とはどんなものだと西欧人が考えるかには、キリスト教のくせが強く反映されています。そのくせをもったものが正統な科学とみなされますから、そこを押さえておかないと、見当外れな科学にしかなりません。もちろんそんなことを知らなくても事実の発見はできるし、製品も作れます。でもそれでは西欧人に尊敬される科学にはならないのです。

聖書とギリシャ古典、この西欧の源流をなすものと、自身の源流である日本の古典。これらは将来どの分野に進もうと一生学び続けるべきものです。高校時代から親しんでおくようお薦めします。

学ぶことの根拠

小林康夫

こばやし・やすお
一九五〇年東京都生まれ。専攻は現代哲学、表象文化論。東京大学大学院博士課程、パリ第一〇大学大学院博士課程修了（記号学博士）。著書に『こころのアポリア』『存在のカタストロフィー』『歴史のディコンストラクション』『表象の光学』『青の美術史』『出来事としての文学』など多数。

日々生きていることの中に学ぶ根拠がある

人間は、なぜ学ばなければならないのだろう。どうして大学に進学しなければならないのか。なぜ学校に通う必要があるのか――。ふと疑問に思い、悩んだことがあるに違いない。悩んでなさそうな人も、実はいつも頭の片隅で考えていたりする。

思えば、自分が望んだわけでもないのに義務教育だからと小学校に通い、中学校、高校へと進み、今は陰に陽に「さあ大学に行くのですよ」と言われる。大学に行くんだなあ、行くのかなあ。大学に行かないと生きていけないのかなあ、などと毎日ぼんやり思いながら、受験先を探している。私は大学教授であり研究者だから勉強も研究もする。それが私の職業でもある。つまり、もはや一人の人間として「勉強しなければならない理由」をあえて考えることはない。でも、皆さんはそうではない。日々問い、考え、悩んでいることだろう。

「なぜ学ばなければならないのか?」――それに対して、私は教師であり専門とする研究分野があるから、その見地から答えることはできる。だがやめておこう。一期一会、こうして皆さんの前に立った今、なぜかそうしたくはない。それに学ぶことの根拠そのものを教えることはできない。それは知識ではないからだ。その代わりに、大学の教師を長年務めてきた一人の人間として、学ぶことの根拠について、皆さんの年齢でなければ意味のないことを伝えたい。それは皆さんが今、学ぶということに関して決定的な年頃だと思うからだ。学ぶことの根拠に直面しているのは、日々勉強や研究をしている私のような大人ではない。実は皆さんこそ、毎日生きている中で、学ぶことの根拠に日々触れていると私は思う。学ぶとは、ただ勉強することではない。だから、難関校に合格することが学ぶ理由ではない。学びにはもっと広い意味がある。そして、それは長い人生のうちで皆さんの年頃でしか直面できないような深い問題なのだ。そのことが心底納得できたならば、皆さんは、どの大学に進み、どのような分野を専攻しようがなんの問題もないはずだと私は確信している。

すべての「種」は、世界と自分とのズレに

皆さんは毎朝、皆さんの学校までの道のりを歩いてくる。大抵は友達と一緒ににぎや

かに歩いてくるのかもしれない。だが遅刻して一人で登校する日もあるだろう。「自分はなぜこの学校に通っているのだろう。どうして勉強しなければならないのだろう」なんて思いながら。立ち止まって振り返ると、遠くに拡がる緑豊かな風景が眼に入ってきたりする。青空が広がっていたり、鳥がのびのびと飛んでいたりする。耳を澄ませば、路傍の草むらから虫たちの声が聞こえてくるだろう。その光景の中で一人、皆さんはこんなふうに思ったかもしれない。

「世界があり、その中で僕は生きている。けれども、あの鳥と僕はどこか違う。鳥は、だれにも妨げられず自由に空を飛んでいる。しかし自分は制服を身にまとい、学校へ向かわなければならない。どうしてあの鳥のように、自由に生きられないのだろう」と。

自分と世界の関係が、鳥が空を飛んでいるようにはぴったりと感じられない。ほんのわずかな、しかし自分ではどうしようもない宿命的なズレ。自分がこの世界にいるということがとても不思議な、奇妙なことに思えてくるのだ。同時に強い孤独感が押し寄せてくる。周りには家族も友達も、学校の先生たちもいるが、「自分一人でここに生きている」という感覚だ。知らないふりをしていてはいけない。よく思い出してほしい。感じた覚えがきっとあるはず。こうした感覚は大人になると失われてしまう。けれども実はこの感覚こそ、学ぶことの根拠に触れている証しであり、あらゆる未来の「種」を生み出す起点にほかならない。

人間は自由だからこそ学ぶ

鳥は、本当に自由なのだろうか。私はそうではないと思う。鳥はいわば空の中に閉じこめられている。魚も同様で、水の中に閉じこめられている。鳥は空を「空」とは呼ばず、魚も水を「水」と名づけることはない。人間がするようには自分の住む世界を対象として捉えることがないからだ。人間は言葉を用い、空を「空」と呼び、海を「海」と名づけた。いわば世界と自分をはっきりと分けて認識している。その意味で人間は、世界に閉じこめられてはいない。言い換えれば人間は、鳥や魚と同じような意味では「自然（＝世界）」の中に生きていない。おそらくこのことが、人間、とりわけ若い皆さんが世界と自分との間にズレを感じる理由だ。

重要なことは、このズレがあるからこそ、人間はほかの動物のように自足することができず、自分が生きる世界を絶えずつくり替えていかなければならないということ。例えば、森を切り拓き、田畑をつくる。これこそ人間だけが持っている自由であり、人間が自由である証しなのだが、見方を変えれば、その自由に閉じこめられているともいえなくはない。人間は、自分が生きている世界と自分との間に越えがたいズレを感じながら、（孤独ではあるけれども）自由に、世界を学び、世界を自分に合うようにつくり替える努力を積み重ねてきた。それが歴史ということ。私たちは今、その結果としての世界を生きているのだ。

しかし現代において、人間が行っている世界のつくり替えは、あまりにも高度で複雑だ。例えば、地下鉄を通したり、ジェット機を飛ばしたりしているが、そのために何が必要かを挙げてみればわかる。まず、言葉を知らなければならない。世界の仕組みを理解して記述するには、数学がなければならない。物理学も工学も欠かせない。いくつものことを積み重ねて、ようやくジェット機が一機、空を飛べる。

そうした数学や物理学、工学は、自然そのものではなく、人間が自然を学びながらつくり出した体系であるから、学ぶことには二段階あることになる。星の運行から暦をつくり、めぐる季節の知識を生かした耕作や狩猟を行うなど、自然を学ぶことが第一段階だとすれば、自然を学んだ人間がつくり出したものを学ぶことが第二段階だ。現代を生きる我々には、この「二重の学び」が宿命づけられており、この第二段階のために特に必要とされているのが学校ということになる。

世界を変えるのは「エラーする力」

人間がつくり出したものは数えきれず、一人では到底学びきれない。人間は学ぶべきことを増やしすぎたのではないかと思うほどだ。研究分野の細分化も近年ますます進行している。例えば、脳の「海馬」という部分を研究している脳科学者の知人がいる。人間は何かを学ぶたびに海馬の最深部で「新生ニューロン」という神経組織を生成している。知人はこのメカニズムを研究しているのだが、同じ研究に取り組む研究チームは世界におよそ一〇〇チームもあり、日々成果を競っているという。

たしかに、何をするにせよ勉強して覚えるべきことは多い。新生ニューロンに限らず、何か新発見をするほどの研究者になりたいのであればなおさらだ。しかし知識量で勝る者が強者かというと、現実はそうなっていない。実は新発見というものは、発見者が一五～一六歳の頃からその種を自分の中に宿していることが多い。つまり、あなたたちの年になにかの「種」が宿されるということ。これは分野によらない。このことが端的に示しているのは、世界を変える力は知識ではなく「若い力」だということだ。若い力とは「知らない」力であり、「知っている」ということよりも「知らない」ということのほうが重要なのである。

理由の一つが「エラー」、つまり「失敗」する可能性だ。膨大な知識の体系に分け入った若者は、それを骨肉化しようとするとき、誤った理解をすることもしばしばある。物事は、教えられたとおりに学ぶとは限らないからだ。新発見は、それまでの常識からすればエラー、あるいはアクシデントと呼ばれる事態の中でなされることが多い。人間が何かを成し遂げる力は、エラーにこそある。生物としての人類もそうやって進化してきたはず。突然変異というエラーを利用することで環境に適応し、生き残ってきたのだから。歳をとると失敗を恥じるようになり、エラーを起こせなくなっていくが、エラーを恐れてはならない。若さとは、弱点であると同時に世界を変えていく力でもあるのだ。

物理学者のある友人は、高校で教わった「虚数単位」が大人になってもずっと頭にひっかかっていたという。虚数単位は-1の平方根だと説明されても「よくわからない。気持ち悪い。なんかおかしい」という思いを、彼は長い間、頭の片隅に置いておいた。三〇年後、彼はその虚数を利用してまったく新しいタイプの電子顕微鏡を発明するのだが、皆さんの年頃に抱いたほんの少しの違和感と疑問を持ち続け、それが花開いたのだという。

「知らない」ことは大きな力にもなりうる。エラーをする可能性はおおいにあるが、それは、誰も考えつかなかったことを行う可能性でもある。学校では「間違えてはならない」という雰囲気が形成されがちだが、それは世界を変える力を逆に失わせてしまうことになるかもしれない。

距離を置いて全体を見よう

何かを学んでいこうとするとき、「好き」という感覚ほど強い味方はない。一方、「嫌い」という感覚は、学びにブレーキをかける。好きなことはいくらでもできるが、嫌いなことはやりたくない、と。加えて、好きや嫌いという感覚は個人的な感覚だから、誰かに「私はリンゴが好きだ」と言ったとしても、「それは君が好きなだけ、僕はバナナが好きだ」と返される場合が少なくない。好き嫌いは何かをブロックしてひとりよがりな世界を生み出すことがあるのである。

しかし、内面でわき起こる好きや嫌いは、大切にしなければならない。それが人生をつくっていくのだから。だが何かを本当に学ぶためには、好き嫌いの感覚を、さしあたり停止して、どうして好きなのか、どうして嫌いなのかを正視しなければならない。矛盾していると思うだろう。しかし、数学の勉強が嫌いなら、どこが好きでどこが嫌いなのかを考えてみてほしい。考えることが、単なる好きや嫌いの感覚から距離を置くことを教えてくれるから。それが学ぶことの第一歩。今のうちにその術を身につけてほしい。好きだから、嫌いだからで終わってはいけない。

学ぶためのもう一つのポイントは、全体を見ること。それと同時にどこか一点を見なければならない。全体だけを見ていても絶対に自分のものにはならない。これも矛盾していると思うだろう。だがスポーツを想像すればわかりやすい。スポーツは単に肉体の問題ではない。例えば野球では、筋力を鍛えさえすればホームランを打てるわけではない。筋力だけでなく、身体全体を考え、何かポイントをつかむことでバッターとして成長できる。人はそれぞれ「癖」を持っているものだが、それを捨て、自分なりのポイントをつかむことが基本だ。

これは思考の基本でもある。人間がものを考えるとき、公理から出発することはありえない。全体のコンテクストをぼんやりと視野に入れながら、その中で手がかりを見つけて考えを進める。A＝B、B＝C、C＝Aといったような論理は、考え抜いたあとで、他者に説明するために組み立てる表現だ。事件現場に立つシャーロック・ホームズを想像してほしい。彼は、現場全体を見ながら、頭の中ではそれまでに集めた証拠品のイメージや証言を繰り返していることだろう。全体を見ながら、どこかに特異点を見いだそうとしているのである。さまざまな要素があり、それらがどういう関係にあるのか、そしてそれらの関係がどう全体をかたちづくっているのかを見ていくのである。

こうした思考は、数学でも国語でも、研究でもビジネスの現場でも変わらない。「文科系と理科系ではアタマの使い方が異なる」などと思い込んではならない。原則は同じなのだ。文章全体を見ていながら、どこかに必ず文章全体にかかわるひっかかりがあるはずだ。それをつかむ。そのポイントを自分なりに展開することで人間はものを考え始めることができる。学校の勉強には正解が用意されている。皆さんが誤った答案を書けば、間違いを指摘される。だが皆さんに課されているのは、正解を知ることではなく、頭の働かせ方を学ぶことだ。この学びは、たんに知識を蓄えることではなく、自分自身を変えていくことにほかならない。全体のコンテクストがあり、その特異点をつかんで全体をもう一回つくり直す。これは自分の世界を自分でつくり直していく力でもある。

大切なのはもう一度やり直す力

どのような大学に進み、どのような職業を選ぼうとも、人間は一生、学ぶことから逃れられない。人間は、決して完成しない存在なのだ。しかし、それでも完成してしまったらどうすべきだろう。実は、完成は壊さなくてはならない。

画家のパブロ・ピカソ Pablo Picasso（一八八一―一九七三）は、一四歳のとき、《初聖体拝領》（一八九六）という作品を描いている。父親に付き添われ聖体拝領を受けるために、跪《ひざまず》いて聖書を読み上げる少女の姿。厳粛な一瞬を美事に捉まえている。レースや絨緞《じゅうたん》の繊細な質感を見ても分かる通り、ルネサンス期に活躍した一流の画家たちに比肩する技量だ。一四歳にしてそのようなレベルの絵を描いてしまったら、それから先、画家としてどう生きていったらいいのだろう。それがピカソの問題だった。結論をいえば、彼は完成した自分自身を「壊した」。どう壊したのかを見ていこう。

ピカソは二〇歳を過ぎた頃、《盲人の食事》（一九〇三）という作品を描いた。画中の人物はスペインの貧民で、目がほとんど見えず手でものに触れようとしている。ピカソは、単に盲人を描きたかったのではない。彼にとっての問題は、盲人の「姿」ではなく「目が見えないということ」だった。目が見えなければ、絵を見ることはできない。目が見えるということこそが、絵画の原点なのである。一四歳にしてすでに絵画における最高の技法を獲得していたピカソは、絵画が生まれるとは一体どういうことなのか、絵画とは何かと問い、その原点、すなわち「目が見える」ということに立ち返り、絵画そのものをもう一度やり直し、それが成立する場を考えようとした。

ピカソがそれに取り組んだ時期は「青の時代」と呼ばれる。彼が絵を青一色で描いた

図１（左上） パブロ・ピカソ《初聖体拝領》(1896年，ピカソ美術館)

図２（右上） パブロ・ピカソ《盲人の食事》(1903年，メトロポリタン美術館)

図３（下） パブロ・ピカソ《ゲルニカ》(1937年，ソフィア王妃美術センター)

からだが、青一色というのは、ほとんど目の見えない人がかすかに感じる色なのだという。ピカソは盲人ではない。けれども、青一色で描くことによって絵画の原点の経験をつくり出そうとしたのである。この「やり直す力」こそ、ピカソが天才と呼ばれる理由だ。

もう一つ、やり直そうとしたことがある。《盲人の食事》に描かれている年老いた盲人の食事はパン一つだけ。これは社会の最底辺を生きる姿であり、《初聖体拝領》で宗教的な儀式に臨むブルジョアジーのきらびやかさとはきわめて対照的だ。ピカソは、最も悲しく、苦しい、絶望的な場所から再出発して絵画そのものをすべてやり直そうとしていたのである。

その後、ピカソは《ゲルニカ》(一九三七)という巨大な絵を描いた。ゲルニカとは、第二次世界大戦中にナチスドイツに爆撃されたスペインの小さな町である。ピカソは爆撃に怒り、これを描いたのだが、実はそれまで絵画と戦争にはほとんど何の関係もなかったのである。戦争に対して直接に抗議する絵画はこの《ゲルニカ》が——おそらくゴヤという偉大な先例を除けば——最初であり、ピカソは、絵画という営為の幅をつくり替えていったのだ。

学問もスポーツも、人間がつくり出した営みのほとんどはある意味では一四歳で世界の頂点に立つこともできるのかもしれない。もちろん皆さんはピカソではないかもしれない。けれども、彼のように「もう一度やり直す力」は誰にでもある。すでにできあがっているものを学びながら、既存の世界を超える新しい世界をつくっていく力だ。

人間であるから学び、人間であるために学ぶ

今の皆さんだけが感じることができる、世界の中で生きていることに対する違和感。そして、世界と自分の間に感じられる越えがたいズレ。その中にすべての「種」が詰まっている。世界に対して脳を開き、「あれは一体何なのか?」「これはおもしろい!」「どうしてこれに興味を引かれるのだろう?」といった、自分にしかわからない小さな違和感や疑問を大切にとっておいてほしい。それが皆さんの大きな役目だ。学校の勉強は、無味乾燥に感じるかもしれない。しかしその中にも「種」はあり、将来、花開く仕掛けが数多く詰まっている。考え抜き、心の中に「種」を宿しておくことが今はとても

大切だ。

私は今、主に現代哲学を勉強している。だが大学にはもともと物理学を志して入学した。いくつかの理由で文科系に移籍、フランス語を学んだ。しかし卒業論文のテーマには絵画を選んだ。ということを思うと、中学二年生のとき、国立美術館のピカソ展で生まれて初めてピカソの絵を見たときの強い印象やそのとき抱いたアートへのあこがれ、そして同展について学校新聞に文章を書いたことなどがずっと心に残っていて、あるとき甦《よみがえ》ってきたのだなあ、と感じる。学ぶ意志さえあれば、どのような「種」も花開いてくる。学びとは一時の行いではなく、人生を変える一生の問題なのだ。

学ぶということから、人間は逃れられない。人間のニューロンは、歳をとっても少しずつ新生し続けるという。どうやら我々は生物学的にも学び続けることを運命づけられているようだが、人間は、自己の非自然的なあり方に由来する「自由」のもとに学ぶからこそ「人間」なのだ。言い換えれば、学ぶことは、自分が人間として今ここで生き、存在しているということと分かちがたく結びついている。しかしその学びは、決して完成しない。ひとたび完成したならば、次なる完成に向けて自分自身をつくり替えながら学んでいかなくてはならないから。その意味で人間とは、「途上の存在」にほかならず、常に道半ばなのである。学ぶことは、自分をつくり替えることであり、世界をつくり替えること。今このことを感覚できれば、それが一生の力になるだろう。

学ぶことは社会に対する責任でもある

これまでの話で、私は教師として皆さんにボールを投げた。何を受け取るかは皆さん次第だが、最後に私にもボールを投げ返してもらいたい。

生徒：鳥は空に、魚は水に閉じこめられている。だが人間は自由だ、と先生はおっしゃるが、人間もまた「社会」に閉じこめられている存在ではないのか。

小林：いい質問だ。しかし、社会は人間自身がつくったものであり、空は鳥がつくったものではない。その点で決定的に異なるのだ。だから、我々には「責任」がある。社会をつくったのは君でも私でもない。けれども、我々と同じ人間がつくったものだから、我々には社会に対する責任がある。魚は水に対して責任がない。学ぶことは、その責任を果たすことなのだ。

◎若い人たちへの読書案内

アーシュラ・K．ル＝グウィン／清水真砂子訳『ゲド戦記』（岩波書店、二〇〇六年）

魔法も竜も出てくるファンタジー小説。近年、わが国でもアニメ化されたので、それを観た人もいるかもしれない。でも、なによりも書かれた言葉で読んで欲しい。なにしろ、この作品世界における魔法の中心は名」、しかもほんとうの秘密の「名」にかかわる。言葉というもののなかに、普通の日常生活ではほとんど見えない「真の姿」というものがある、というのが作品を貫く重要な軸なのだ。その軸のまわりに、世界とは何か、人間が世界の中に生きるとはどういうことか、どういう責任があるのか、ほんとうの「力」とはどのようなものなのか——あらゆる問いが繰り広げられていく。そこにはファンタジーによってしか伝えることのできない「真理」がある。われわれは、本質的に（そう言ってしまおう）ファンタジーの動物なのだ。しかし同時に、ファンタジーを超えていかなければならないときもある。そういうことを教えてくれる作品。別巻まで入れて全六巻。たとえば夏休みに半月かけて一挙に読む、そういう「のめりこむ」ような読み方にふさわしい作品。竜の夢を見る夏休みが人生に一回くらいあってもいいではないか。

V・E・フランクル／山田邦男・松田美佳訳『それでも人生にイエスと言う』（春秋社、一九九三年）

今度は現実の「悪夢」、しかも最悪の悪夢。フランクルはウィーン生れの精神科医。第二次世界大戦のさなかナチスの強制収容所に送られ、そこでファンタジーではない「地獄」を経験し、妻をはじめとして家族も失う。ひとつには、われわれ人類というものがどれほど残虐なことを同胞に対してするのか、ということをはっきり知ってほしい。それはけっして過去の出来事ではなく、残念ながら、現在起っており、未来にも起ることだからだ。しかし、その極限状態においてすら、なお「人生にイエスと言う」というフランクルのメッセージをしっかりと受けとめてほしい。自分の人生のなかのさまざまな困難、中学生だって高校生だって、すでに人間社会というものが必然的にはらんでいる悪意や残酷さにすでに気がついてしまっている。でも、そのときそこからただ逃げるのではなくて（いや、逃げてもいいのだが）、自分の人生からは「逃げない」。そして「イエス」と言う。その力を汲《く》み上《あ》げてほしい。極限を知ることによって、日常を相対化できる。その力のために、かれの講演であるこの本を薦めたい。二〇世紀の黄金の書のひとつ。

小林康夫・大澤真幸『「知の技法」入門』（河出書房新社、二〇一四年）

最後に最新の自分の本をあげさせてもらう。社会学者の大澤真幸さんとの対談。なんと「東大新入生必読のまったく新しい基礎教養」という謳《うた》い文句がついていて、ちょっと気恥ずかしいのだが、いや、東大生じゃなくても読める。むしろ高校生にこそ読んでもらいたい。これは人文書のすすめという形を通して、現代において「人間の思考」がどうなっているか、を論じ合った記録なのだ。一三歳から一八歳までのあいだの読書によってこそ、思考するための「脳」が形成されるというのが、わたしの持論。この時期に、少し難しいような本を、わけもわからずに読む、というのが決定的に大事なのだ。本書のなかでも、大澤さんは高校時代にニーチェを読んだ経験を語り、わたしもまた、図書館から借り出した、それぞれ一巻本のパスカル全集と中原中也全集を両脇に抱えて高校に通っていたことを語っている。そう、本という言葉の重さを抱えて欲しいのだ、わたしは。

「賢くある」ということ

鷲田清一

わしだ・きよかず
一九四九年京都市生まれ。京都大学大学院文学研究科博士課程修了。大阪大学総長などを経て、現在は大谷大学教授。専門は哲学。現象学をベースに、臨床哲学、モード批評などを幅広く展開する。主な著書に『モードの迷宮』『「聴く」ことの力』『わかりやすいはわかりにくい?』『哲学の使い方』『ちぐはぐな身体』『〈ひと〉の現象学』などがある。

パイオニアにはなれない時代

今、私たちの社会は、とても危ういところにさしかかっていると感じている。早急に自分たちを「ちっとは賢くなるように」鍛えなければ、と思う。今日は、「賢くある」とはどういうことかをお話ししたい。

一九八〇年代から、若い人たちの間に「自分は何もできない」というような茫漠《ぼうばく》とした思いが広がってきている。職業を選ぶことを考えればわかりやすい。皆さんは、今の世の中で「この私にしかできないこと」がそう簡単には見つからないように思っているかもしれない。皆さんの両親が若い頃、六〇年代から八〇年くらいまでは、違っていた。例えば女性の場合なら「女性で初めてのダンプの運転手」「女性で初めての建築家」といった、パイオニアになれる仕事がたくさんあった。男性の場合は、職業として目立つものはなくても「自分が初めてやること」がいろいろあった。例えばライブだ。六〇年代に突然バンド文化が生まれて、若い素人がバンドを組む、そして自分たちで歌をつくって、自分たちで演奏するという、今ではあたりまえのことが始まった。六九年には野外のライブが初めて行われた。バンドを組んだり新しい音楽を好んでいたような人たちは、世界で起こっている新しい音楽のムーブメントに自分も同時にかかわっているという思いを持っていたから、元気があった。自分がパイオニアだ、という気概があったのだ。

しかし時代が進むにつれ、自分が初めて足を踏み入れる領域はなくなってきた。周りの人を見ても、モデルや型ができ上がっているように思える。大学を卒業して就職、何歳で課長に昇進、何歳で結婚して、子どもが二人くらいできて、うまくいったら管理職になって、定年退職して……というようなストーリーが、どの分野に進もうとしてもイメージできてしまう。高校生たちは「何もかも見えちゃってる」などと言っている。だから元気が出るはずないよ、という顔をする。

確かに、パイオニアになる場所がない社会は息苦しくておもしろくないだろうとは思う。が、「見えちゃってる」のはいいことしか見ていないからだ。大学だって入れるかどうかわからないし、結婚といってもうまくパートナーと出会えるかわからない。定年退職する前に病気になるかもしれないし、年金制度も将来どうなっていることか……。

悪いこともいいことも含め、人との出会いや偶然というものが働いて、決して自分の思い通りにならないのが世の中。将来が見えちゃってるからおもしろくない、なんていうのは少し調子がよすぎると思うのだが。

今の時代に生きるつらさとは

そうはいっても、今の時代は生きにくいだろう。パイオニアであれば、自分ががんばらないとその世界が開けない。すなわち、自分が仕事をする意味、さらには「ここにいること」の意味が、疑いようもなく明確だ。

考えてみてほしい。皆さんが仕事を選ぶときに、なんの役に立つのかわからない仕事は避けるだろう。仕事の意味とか目的が見えている、つまり自分を高めるとか、人の役に立っているとか、だれかが自分のしたことで喜ぶ、といったようにはっきりしている仕事であれば、すなおにがんばろうという気になれるし、働きがいも出てくる。

ところが、現代の仕事というのは簡単に言えば、自分の仕事の目的がすぐにわからない。生産システムが複雑になったおかげで、自分のつくった小さな部品は、ものすごく長い経路をたどって一つの商品の一部になる。だから、それを買って喜んでいる人の顔を知ることができない。

今の時代はほとんどどんな職業に就いても「これはほんとうに自分がするべき仕事なのだろうか」「ほかの人が代わりになってもいいのではないだろうか」と考えざるをえない。そして、自分にしかできない仕事はなんだろうか、と悩んでしまう。この思いを突き詰めると、「自分がここにいることにほんとうに意味があるのだろうか」というところに至ってしまう。するとただ働くことすらつらくなってきて、さらには生きること自体やめたいと思うようになる。自分がいなくなっても世の中がどうなるわけでもない、ひょっとしたら自分はここにいなくてもだれも気づかないかもしれない存在なのだ、という思いに駆られてしまう。

皆さんはつらいときに、「犬はいいなあ、お腹がすいたらものを食べてなでてもらって、あとは寝ているだけでいいんだから」と思うかもしれない。しかしほんとうにつらいときの人間は、ただ生きていること、それすらできない。つまり、人間はただ生きるだけのためにも、自分がここにいる理由が欲しい。理由が見つからないと、存在していること自体苦しくなってきて、もう消えてしまいたい、と願う。今の時代のしんどさは、「自分がここにいるという事実」を肯定しづらいという、非常に抽象的なものなのだ。多くの人が、自分の存在をめぐって、非常に危うい感情しか持てなくなっている。これまでの歴史の中で、ある意味では戦争の時代に負けず劣らずしんどいかもしれない。「ここにいる意味」は、簡単には見つかるものではないからだ。

救いの道は恋愛?!

ところで、一つだけてっとりばやい逃げ道がある。それは恋愛だ。恋愛は相手から、自分の存在の理由を与えてもらえる。「あなたがいないと苦しい」「お前がいないとおれは生きていけない」「そばにいたい」「そばにいてほしい」という欲求は、要するに、ほかのだれでもなくあなたがここにいないと困るのだ、というふうに、「自分」がここにいることの意味を与え合うことなのだ。こんなに楽な状態はない。ただし、その理由を与え続ける関係がどこまで続くか、ということがとても難しい問題なのだが……。

恋愛が最も強烈な場所は、意外なことに介護施設だ。皆さんの年頃なら、失敗しても気を取り直して次の人を求めるだろうが、老いた人間はそうはいかない。年をとればとるほど恋愛はより根源的に、のっぴきならないものになっていく。介護施設にいらっしゃるお年寄りの方々は、助けてもらうばかりで自分は人に何もできない、自分は生きていていいのか、という問いを若い人以上に強くストレートに感じているだろう。だからお年寄りの恋愛は怖い。自分の存在が肯定される最後のチャンスだから、命がけになるわけだ。余談だが、私は団塊の世代が七〇代になったとき、世の中には三角関係のもつれによる殺人事件がいっぱい起こるのではないかと、本気で心配している。

現代は若い人にとって生きづらいと言ったが、お年寄りの方も自分の存在の肯定に苦しんでいるという状況は、深い問題をはらんでいる。しかもこの難しい問いは、一番元気に働いているはずの皆さんの両親の世代にも襲いかかっている。家族を養うために一所懸命仕事をしていても、「この仕事をするのは私でなくてもよいのではないか」「私が病気になっても、会社は別の人を据えるだけではないか」という思いがあるにちがいない。会社組織で働く人に限らず主婦でも同じだ。顕著なのは、地域社会というものが壊れているいわゆるニュータウンに暮らす人々だろう。子どもの手がかかるうちは、「私がいなければこの子は生きていけない」と思えるから、自らの存在理由を見つけやすい。しかし子どもが成長すれば必然的に気持ちが外へ向き、自立して家を出て行く。夫はというと仕事ばかりで家では眠るだけ。そのうち親の介護も始まる……となると、「私はなんのために生きているのだろう」「ここにいるのは私でなくてもいいのではないか」という思いをため込んでしまう。若い人だけでなくあらゆる世代が、自分がここにいなければならない決定的な理由を見つけられない、難しい時代になっている。

平等な社会が個人に求めるものとは

この状態が、近代社会というものが必ず最後に行き着く位相であることは間違いないだろう。近代社会は、一八世紀のフランス革命から始まったと言われているが、簡単に言うとここにいる皆さん、中学一年生から先生まで、すべてが同じ「一」である、ということなのだ。あらゆる人は「一」であって、それ以上でもそれ以下でもない。一番わかりやすい例は、投票の構造だ。総理大臣も一票だしフリーターも一票。人はすべて同じだ、という捉え方をする。

しかし、近代社会が成立するまでは、全員が「一」ではない、現代からすればいわば不平等な社会だった。身分制度があったので、生まれたとき既に人生の軌道が描かれていた。どの階層に生まれるかによって職業はほぼ自動的に決まったし、家庭をつくるにしても、相手は自分と同じ階層で周辺の地域に住んでいる人に限られた。つまり自分の生涯のかたちはおおよそ見えていたのだ。自分で自由に職業やパートナーを選ぶなど考えられない世の中だったから、わざわざ自分の存在する理由を問う必要もなかった。その社会を、その共同体を、その家族を維持するためには、その人がいなければならない。あらかじめ役割が与えられて生まれてきたから、自らの役割を果たすことが人生の目的だったのだ。

ところが、近代社会は「生まれ」、つまり階層、地域、言葉、性別、といった本人が選びようのない条件はすべて無視しようという考えを基本に成り立っている。生まれは関係なく、みんな同じスタートラインに立ち、同じ条件で勉強を始め、平等に扱われる。その代わりあとは自分で選びなさい、と放り出される社会だ。そうするとどうなるか。今ある自分は自らが選択した結果なのだからすべて自分の責任だ、ということになる。

近代社会は理念として全員が同じ重さだという思想に基づいている。ほんとうに全員が一票を持つことができたのは二〇世紀に入ってからであるし、いまだに差別はなくなっていないが、この理念を守り続けようとしている。

確かにたいせつな考え方だが、だれもが、自分はどういう存在でありそれを意味のあるものとして肯定できるか、という問いに向き合わざるをえない。近代社会は、ものすごく重いことを一人ひとりに要求しているのだ。

無能な私たちは「顧客」になった

そんな大きい責任を課せられている今の時代であるにもかかわらず、若い人に限らず、すべての世代が、どんどん無力になっていると私は感じている。大げさな言い方だと思うかもしれないが、では、この中に、お産のときに赤ちゃんを取り上げることができる人はいるだろうか。恐らく皆無だろう。へその緒はどの辺りで切るか、とか、産声を上げさせるにはどうすればいいかとか、まったく知らないはずだ。昔は、こういったことは女性であれば全部できたのだ。

また、私の親の世代くらいまでは、生涯一度も病院に行ったことがない人がかなりいた。大抵の病気であれば、自分で治す総合医療という文化があったからだ。例えば、胃が痛いときに飲む薬草や痛みを和らげるツボといったようなことは知っていたし、応急処置はだれでもできた。

人にものを教えることも、うまくできなくなっている。教育は学校の責任になった。どうやって排泄物《はいせつぶつ》が処理されているか、だれも知らない。下水道が勝手に流してくれるからだ。人が死んだときの処理はどうだろうか。体中からあふれてくる体液を、昔はそれぞれの家庭できれいにして、葬式を出していたが、今では病院と葬儀屋にお任せだ。最低なのは、隣近所とのもめ事が起こったとき、それを解決する能力すらない。すぐに役所に電話したり、何かというと弁護士に頼んだりする。

出産、調理、排泄物の処理、治療、看護、教育、子育て、交渉など、生きるうえで欠かせない事柄を、私たちは知らないうちにすべて、他人に任せるようになった。少しでも安心で安全に暮らせるように、とそれぞれの「プロ」を育ててきたのだ。普段の生活のことは行政やサービス会社に任せておけば安心、安全だし、病気になればしっかりとした治療を受けられる。子どもは学校で勉強するようになったし、めんどうなもめ事は弁護士に頼めば損はない。排泄物はペダルを踏むだけできれいになるし、介護が必要なら電話をすればいい。

生活のあらゆる面でそれぞれのプロがいるから、なんの不安もないし健康でいられる。寿命が延びたことからうかがえるように、プロを育てたことは社会にとって間違いなくプラスになった。ただ、プラスは必ずマイナスを含んでいるもので、プラスの分何を失ったかというと、われわれ自身の能力だ。一人では何もできない無能、disable の状態になってしまった。

そんな私たちが今の社会でできること、それはクレームをつけることだけ。行政にも会社にも、少しでも不満があれば文句を言う。これだけは自信を持ってできる。なぜか？　お金を払っている、義務を果たしている、と主張できるからだ。払った金額に見合うサービスを受けるべきで、かなわなければ文句を言えばいい。しかもそれを当然のように言う。皆さんも、授業がつまらなかったり成績が下がったときに、ちゃんと授業料を払っているのにこの頃の先生はサービスが低下している、などと言っていなければよいのだが……。

近代社会は、全員が責任を持った「一」である市民社会をつくろうとしていたはずなのに、結局私たちは「市民」ではなく「顧客」になってしまった。市民とは、自分たちの大事な問題は自分で判断し自ら担う主体を意味する。私たちは、自分たちの安心と安全のためにプロを育て、「委託」するという道を開拓してきた。しかしその制度の中で暮らすうちに、自分が持つ技や能力を磨くことを忘れてしまった。自分で物事を決めて担うことができる市民ではなくなり、ただのサービスの顧客に成り下がったのだ。

「うつ的」では満足できない

この暮らしは、私たちをだめにする。すべて他人任せで、自分にはなんの責任もなく、お前が悪いんだと言うだけ。それは確かに楽だ。

皆さんに限らずどんな世代の人も、なぜ自分はいつもこうなんだろう、なぜ自分はいつもうまくいかないんだろう、といった、釈然としないふさいだ気持ちを抱えていると思う。そんなとき、この世の中はちゃんと理由をつけてくれるようになった。それが怖い。例えば最近カウンセラーたちが、「トラウマ」や「アダルトチルドレン」「うつ」などといった言葉を使う。これらは本来慎重に扱うべき言葉なのだが、安易に使われている。人生は、そのようなひと言で言い当てられるほどシンプルではないはずだ。

今や日常会話でも使われる「トラウマ」は、とてもありがたい。「あなたがこのような性格になったのは、あるいはがんばっても自分を変えることができないのは、実は忘れたつもりになっているつらい思い出があり、それがどうしても影響を与えてしまうからだ」ということらしい。こんなストーリーはとてもわかりやすいから、人は簡単に飛びついてしまう。しかし、人が抱えているふさぎは決してそんなものではない。

あるとき、精神科医の香山リカさんがおもしろいことを言っていた。「あなたはうつ的な状態です」と診断しても、今の患者さんは受け入れず、「違います、私はうつ病なんです」と、言い張るそうだ。つまり病気にしてもらわないと困る、というわけだ。理由は簡単だ。病気であれば、「私のせいではない」からだ。病気なのだから、自分は治療されるべき対象になり、困難な状態を引き受ける必要がなくなるわけだ。

ふさぎやしんどいことには、自分で真正面から格闘しなければどうしようもない。だからますますつらくなる。「うつ病」と「うつ的」では、決定的に違う。「病気である」とラベルを付ければ、自分がしんどい思いをせずにその状況から抜け出すことができるから、「私のせいではないんだ」とほっとする。しかし、これは単に逃げているだけ。一番してはいけないことだ。そういう思考回路に陥ると、次第にものの考え方が短絡的になっていってしまうのだ。

自分のことに限らず、現代のあらゆる問題に言えることだ。社会や時代の問題は、キーワードだけで説明し尽くせるものではない。

あいまいなものにあいまいなまま正確に対応すること

だから、私たちは「ちっとは賢く」ならなければいけない。「賢い」というのはつまり「簡単な思考法に逃げない」ということだ。物事の理由は簡単にはわからない。それを知り、受け入れようとすることが賢くなる第一歩なのだ。

社会の問題も同じだ。例えば経済政策についてA派、B派となって議論するが、実はどの施策も必要でたいせつなこと。ただ、Aの次にB、その次にCを実行するのと、C

を行ってからB、Aを実行するのとでは、意味が変わってくる。どれが一番たいせつかということよりも、どういう順番で実行するのかが、ほんとうの考えどころなのだ。状況は刻一刻と変化するから、それを確言できる者はいない。だから状況を分析し、過去の例を総動員して、先を読み最善の行動を選びとることが求められるのだ。その非常に不確定な思考法というものが、政治や外交には必要になる。相手の出方や次に起こることを決めつけることはできないから、わからないままに受け入れ、しかも正確に対応しなければならない。

介護や看護などケアの場面でも同じだ。介護方針を立てるとき、そばにいる家族の思い、本人の意見、医師や看護師の判断、さらには病院の経営側の判断が絡み合う。これらの考え方はほとんど対立する。家族の思いを満たそうとすると、経営側の思いは満たされない。どれも正解にはならない状況の中で、長い目で見て患者にとって一番よい介護態勢を整える。これが介護の思考だ。

さらに、芸術でも同様のことが言える。例えばここに一枚の絵がある。素人は、ここのピンク色は隣とのバランスで黄緑色にしてもいいんじゃないか、などと偉そうなことを言うかもしれない。しかし描いた側にとって、すべての色は必然なのだ。そのピンク色を黄緑色にすれば、絵全体がだいなしになる。ただ、その理由は、画家には説明できない。しかし必然だということだけはわかる。芸術家本人も何を表現するかよくわからないけれどあいまいなものを、あいまいなままに、しかし正確に表現するのが、その技である。

政治、ケア、表現活動といった人生に非常にたいせつな局面でほんとうに必要とされるのは、一つの正解を求めることではなく、あるいは正解などそもそも存在しないところで最善の方法で対処する、という思考法や判断力なのだ。

正解は一つではない

今の学問についても、同じようなことがある。中学や高校では、一つの問いには一つの正解があたりまえ、という前提で勉強する。私の書いた文章もよくマークシート式の試験に使われて、「著者はこの段落で何を言いたいのか次の四つの中から選べ。」などといった問題になる。私もこれに挑戦してみるのだが、自分の文章なのに解くことができないことがある。四つの選択肢のうち、二つには確かに私の言いたいことが書かれている。自分でも選びきれないが、そんな問題に対して皆さんはちゃんと一つ、私の代わりに確定してくれるわけだ。文章をつくるとき、いろいろな思いを込めている。伝えたいことがあってもストレートには言えないから、別の言葉に置き換えてカムフラージュしていることもある。私が伝えたいと思っている相手がなかなか気づいてくれないからいら立ちながら書いているとか、そういうことがある。読むだけではわからないし、そのときの気分を忘れているから、後で読み返しても表現の意味がわからないこともある。文章はそれくらいデリケートなものだが、その答えを一つに絞ろうというのだから、ほんとうに不思議だ。

けれども世の中には問いと答えが一対一の問題は、めったにない。「光は波動であるか粒子であるか」という大論争があったが、これは正解が二つある例だ。光は波動であることも正解、粒子であることも正解。両者は物質としてのあり方が違うから対立するのだが、どちらも正解として考えられている。

また、一つの問いに二つの不正解がある、つまり二つしか解はないがそのどちらも間違っているという例もある。「世界に果てはあるかどうか」という問いを考えてみよう。世界に果てが「ある」というのは間違いだ。なぜなら、果てがあるならその先はどうなっているのかという問いがまた生まれるから断言できない。一方、世界に果てが「ない」とも言えない。根拠がないからだ。無限遠点をまだ確認できていないというだけのことかもしれない。そうすると、果てが「ある」のも「ない」のも正解にはなりえない。

それから、生きることの意味、自分がここにいることの意味はどうだろう。そんな問いに対する答えは、ない。問うことそのものが、答えの意味の大半を占めている。自分がだれであるかなんて、人間にはとうてい答えることができない問いだろう。

じぐざぐに考える知的体力

無力な状態から脱し、自分の問題を自分で考えて、責任を負うことができるようになるために、私たちは、「一つの問いに一つの答えがある」という考え方をやめなければならない。物事は、こちらからはこう見えるが、後ろから見ればこんなふうだ、といろいろな補助線を引きながら考えよう。みんなが一方からしか考えられなくなっているときに、別の方向から見ることがたいせつだ。例えば、自分の苦しみを打ち明けて絶望する友人に対して、いやそれだけではない、こういう考え方もある、と別の補助線を示せる「頼れるやつ」になろう。

自分の生きている意味を考え、思い悩むこともあるだろう。問いが大きすぎて、知的体力が足りずにだれもが倒れそうになってしまう。そのとき、行き詰まった思考回路をひっくり返せるかが肝だ。糸口はたくさんある。

普段、自分が「生まれる」という言葉を使う。考えが進まないときに、「ところでこの言葉はほんとうに正しいのだろうか」と、本題の外に立ってみてほしい。すると、生を自分の出来事のように語るが、よく考えればこれは受け身の言葉であることに気づくだろう。つまり「生まれる」ということは自分だけではなく他人との間に起こった出来事なのだと、少し視野が広がる。相手の身になって問いを考え直すと、歯が立たないと思った問いも、違う見え方になるはずだ。文学や芸術作品も、同じ苦しみの中から生み出されたものだから、いろいろな補助線を与えてくれるはずだ。

それから、投げ出さずに考え続ける、いわば知的な肺活量も持ってほしい。理解はあるとき一瞬でできることでは決してなく、じっと考え続けて到達できるものだ。それだけでなく、考えるうちにまったく別の、のっぴきならない問題が現れてきて、そのことによってほかの問題も全部問い直さなければいけない、ということもしょっちゅうだ。哲学という学問がまさにそれの連続なのだ。私もある問いを突き詰めていたとき、突然世界がめくれ返って、「これがわからないということはあの問題はわかっているつもりだったが、実は根拠がなかったんだ」と、すべての問題をもう一度考え直す、ということもあった。

なぜ生きているのか、自分の存在は何なのかという大問題に、答えはない。大昔からみんな考え続けていまだ答えられていないのだから。例えば、心と体の関係はギリシャ以来、二〇〇〇年以上哲学者が考え続けていて、まだその答えは出ていない。それでも大昔からその問題に食らいついて問い続けてきた。その結果としていろいろな思想や芸術が生まれ、文化が豊かになってきた。たいせつなのは、問い続けることにある。

自分自身の問題や世の中に起こる出来事は、理由や意味がわからないものがほとんどだ。また、科学の極限的な問題や、社会生活で重要な問題、生きるうえで重要な問題というのは、ほとんどが複数の解を持っていたり、正解が一つもなかったり、そもそも答えがない、というものばかりだ。だから、自分の持っている狭い枠組みの中で無理やり解釈して、わかった気になっても何も解決しないし、とても危ない。必要なのは、わからないことでもこれは大事、としっかりと自分で受けとめて、わからないままにずっと持ち続けることなのだ。そして何度も体当たりして痛い思いをして、問題に正確に対処するすべを身につけよう。「頭がいい」と「賢い」とはなんの関係もない。じぐざぐにいろいろな補助線を立てて、誠実に考え続ける、「賢い」人になってほしいと心から願っている。

◎若い人たちへの読書案内――「賢くある」ために

　この世界を見るわたしたちの視野というのはけっして広くありません。いつもここから、自分の立っている場所からしか、見られないという限界がまずあります。次に、自分が習ってきた知識や習慣の枠のなかでしか見られないという限界があります。加えてさらに、自分がなじんでいる言語のなかでしか考えられないという限界もあります。こういう世界は、リアルと言うにはまだまだ小さいものです。世界を的確に摑《つか》むには、そしてそこからさらに大きな夢を紡ぎだすためには、この小さな世界の襞《ひだ》をもっと大きく広げていかなくてはなりません。そして、世界の襞を広げるとは、すでに知っている知識を量的に拡大するということなく、これまでそんなものがあることさえ知らなかったものの見方、問い方にふれるということです。

　そのとき大事なことは、大きく三つあると思っています。一つは、自分の現在を、歴史の文脈のなかで見ること、そして自分を超えたものに照らし合わせて見ることとです。二つ目は、「よく生きる」ために、ということをものを考えるときの軸とすること。最後は、わからないことをすぐにわかろうとしないで、わからないまま大切にすることとです。この三つの態度を身につけるためにとても参考になる本を、以下にそれぞれ一冊ずつ挙げておきます。

　まず、スペインの思想家、**オルテガ・イ・ガセット**の『**大衆の反逆**』（ちくま学芸文庫）です。

ここでいう「大衆」とは、自分を超えたものの権威を認めず、また自分のうちに沈潜して考えるその場所としての「孤独」をも放棄して、群衆の同型的な精神のなかに逃避する人間のことです。その典型をオルテガはなんと、「科学者」「官僚」と呼ばれるエキスパートたちに見てとりました。「教養」の重要さを説いているのですが、ポイントは二つあって、一つは、過去に対する「敬意と配慮」をもって時代の歴史的な水準のなかで自分を捉えるということです。いま一つは、自分の存在を持ち合わせの狭い見解で囲わずに、自分を超えた存在、自分以外の存在に開いておくということです。

次に、古代ギリシャ哲学の研究者、**田中美知太郎**の『**哲学入門**』（講談社学術文庫）。ここで田中は、生きるうえで何がいちばん大事かをつねに「具体的」に考えることが重要だと言っています。「具体的」とは、「いろいろなつながりから、すべてに気をくばる仕方で考える」ことです。ものごとをばらばらに切り離さないということです。

三冊目は、**柳父章**《やなぶあきら》の『**翻訳語成立事情**』（岩波新書）です。日々わたしたちが論議している「社会」「個人」「恋愛」「権利」「自由」「彼・彼女」などが、じつは明治期に翻訳語として成立した語で、それ以前にはそういう観念で自分たちの現実を捉えていなかったという事実に目が開かれます。目下「憲法改正」論議が起こっていますが、「憲法」が最高位の法ではなくて（「憲」は「法」とおなじ意味です）、原語の constitution からすれば「成り立ち」とでも訳すべきもので、わたしたちはこういう「成り立ち」の国を作るという宣言こそが「憲法」なのです。そのように考えると、「憲法」論議もまた違ったかたちで取り組むことができるようになります。重要なのは、不確定なこと、わからないことが充満する世界、正解のない世界のなかで、すぐにはわからない問題を手持ちのわかっている図式や枠に当てはめてわかった気になることなく、わかっていることよりもわかっていないことをきちんと知ること、わからないけれどこれは大事ということを知ることということです。このことについては、わたしの『**わかりやすいはわかりにくい？**』（ちくま新書）と『**哲学の使い方**』（岩波新書）を読んでいただければうれしいです。

◎初出一覧

外山滋比古「知ること、考えること」　『問いかける教室』二〇一三年
前田英樹「独学の精神」　『未来コンパス』二〇一〇年
今福龍太「学問の殻を破る」　『「こころ」とのつきあい方』二〇一一年
茂木健一郎「脳の上手な使い方」　『学問のツバサ』二〇〇九年
本川達雄「生物学を学ぶ意味」　『未来コンパス』二〇一〇年
小林康夫「学ぶことの根拠」　『学問のツバサ』二〇〇九年
鷲田清一「「賢くある」ということ」　『学問のツバサ』二〇〇九年

ともに、水曜社刊

※本書は、これらを底本とし、テーマ別に抜粋、再編集したものです。各章末の「若い人たちへの読書案内」は、本書のための書き下ろしです。

〈中学生からの大学講義〉大好評既刊

第二巻『**考える方法**』 ISBN 978-4-480-68932-0

永井均「〈私〉が存在することの意味」／**池内了**「それは、本当に「科学」なの？」／**管啓次郎**「アメリカ・インディアンは何を考えてきたか」／**萱野稔人**「なぜ、人を殺してはいけないのか？」／**上野千鶴子**「ジェンダー研究のすすめ」／**若林幹夫**「社会とは何だろう」／**古井由吉**「言葉について」

第三巻『**科学は未来をひらく**』 ISBN 978-4-480-68933-7

村上陽一郎「科学の二つの顔」／**中村桂子**「私のなかにある38億年の歴史」／**佐藤勝彦**「宇宙はどのように生まれたか」／**高薮縁**「宇宙から観る熱帯の雨」／**西成活裕**「社会の役に立つ数理科学」／**長谷川眞理子**「ヒトはなぜヒトになったか」／**藤田紘一郎**「「共生の意味論」きれい社会の落とし穴」／**福岡伸一**「生命を考えるキーワード　それは〝動的平衡〟」

第四巻『揺らぐ世界』

ISBN 978-4-480-68934-4

立花隆「ヒロシマ・ナガサキ・アウシュビッツ・大震災」／**岡真理**「〝ナクバ〟から六〇年」／**橋爪大三郎**「世界がわかる宗教社会学」／**森達也**「世界はもっと豊かだし、人はもっと優しい」／**藤原帰一**「民主化とピープルパワー」／**川田順造**「人類学者として、3・11以後の世界を考える」／**伊豫谷登士翁**「グローバルに考えるということ」

第五巻『生き抜く力を身につける』

ISBN 978-4-480-68935-1

大澤真幸「自由の条件」／**北田暁大**「いま君たちは世界とどうつながっているか」／**多木浩二**「キャプテン・クックの航跡」／**宮沢章夫**「地図の魅力とその見方」／**阿形清和**「イモリやプラナリアの逞しさに学ぶ」／**鵜飼哲**「〈若さの歴史〉を考える」／**西谷修**「私たちはどこにいるのか?」

ちくまプリマー新書 226
何《なん》のために「学《まな》ぶ」のか〈中学生《ちゅうがくせい》からの大学講義《だいがくこうぎ》〉1

二〇一五年一月十日　初版第一刷発行
二〇二五年三月五日　初版第二十七刷発行

著者　外山滋比古（とやま・しげひこ）／前田英樹（まえだ・ひでき）
今福龍太（いまふく・りゅうた）／茂木健一郎（もぎ・けんいちろう）
本川達雄（もとかわ・たつお）／小林康夫（こばやし・やすお）
鷲田清一（わしだ・きよかず）

編者　桐光学園＋ちくまプリマー新書編集部

装幀　クラフト・エヴィング商會

発行者　増田健史

発行所　株式会社筑摩書房
東京都台東区蔵前二－五－三　〒一一一－八七五五
電話番号　〇三－五六八七－二六〇一（代表）

印刷・製本　株式会社精興社

ISBN978-4-480-68931-3 C0295　Printed in Japan